集合的創造性

コンヴィヴィアルな人間学のために

松田素二 編

Collective Creativity

世界思想社

目次

序章　現代世界における生の技法／哲学としての集合的創造性
――コンヴィヴィアルな人間学のために

松田素二

1　危機と困難の時代

現代は混沌の時代である。これまで通用してきたルールや「常識」が効力を失いつつあり、他方でそれに代わる新たなルールや「常識」が形をなしてはいない。それは家族や結婚、あるいは働き方や学び方といった身近な次元から、国際関係や経済システムといったよりマクロな次元にいたるまであてはまる。オリンピックあるいは国際連合に象徴される国民国家を基礎的単位とした世界秩序が揺らぎ始め、人やモノ、カネや情報が国民国家の境界を容易に超えて大量に流動する一方で、国民国家の側からその流動性を抑制・制御しようとする巻き返しも強力になりつつあり、両者の衝突や葛藤は深まるばかりのようだ。

現代はまた危機の時代でもある。宗教や人種・民族の違いを積極的に「承認」する動きの一方で、違いを暴力的に「否認」する現象は世界各地で大規模かつ非和解的に生起している。地球温暖化や森林破壊といった環境・生態系への負の打撃は人びとの暮らしを脅かし始めているし、経済資本であれ文化資本であれ、社会の中における「持つもの」と「持たざるもの」の格差はこれまでにないほど拡大し、最底辺に落とし込められた人びとへのセーフティネットも十分には機能していない。

このような混沌と危機の時代に生きる人びとは、何に依拠してこうした状況を変えていくことができるのだろうか。かつてはこれについても、人びとの間で共有された定番の解決法というものがあった。それは人びとを本源的に結びつけ強力な連帯をつくりあげることで、集合的な力でもって直接的に状況と対峙し問題解決をはかるというものだ。階級や人種・民族そして国家に依拠して出現した不動の共同性は、問題解決のために強力な力を発揮してきた。しかし現代世界を特徴づける活発な流動性は、こうした本源的共同性を急激に解体し始めている。人びとを問答無用で集合化する基盤が失われると、一体化したマスとして混沌と向き合い危機を解決することはできなくなる。しかし、バラバラにされた個人ではとうていこの巨大な混沌と危機に立ち向かうことができない。

こうした状況の中で、人びとが依拠するのが創造性だろう。創造性とは、直面する問題（困難）を解決するためのアイディアを生み出し実践する力のことだ。それは無から突然生み出された奇跡のような力ではない。すでに存在している多種多様な要素を状況に合わせて取り出し、組み合わせ、接合・融合・総合することで新たな可能性をつくりだす力なのである。この異質な次元にある多様でいっけん無関係な既存の要素を繋ぎ合わせる力（創造性）について、かつて鶴見和子は興味深い指摘をしている。鶴見は「日本人と創造性」という論考のなかで、心理学者のフィリップ・ヴァーノンを引用しながら「創造性とは考えの新奇な組み合わせ、今までになかったコンビネーション」であると主張する（鶴

表　創造性の３類型

	創造性のタイプ	主導する原理	特徴	代表的創造者
1	同化型	同化の論理	内念と古代論理が優先する	折口信夫
2	対立—統合型	異化の論理	概念と形式論理が優先する	柳田国男
3	折衷型	同化と異化の折衷	内念と概念，古代論理と形式論理を折衷させる	南方熊楠

（鶴見 1986）より作成。

見一九八六）。別の論考では「今までになかったコンビネーション」という代わりに「異常な結合」とも述べている（鶴見 一九九八）。考えの新奇な組み合わせ、ないしは異常な結合である。つまり問題対処のために既成の考えをたんに組み合わせるだけでなく、「新奇にかつ異常に結合させる」力に鶴見は創造性の本質を見たのである。

鶴見はこの異質な要素の結合には大きく分けると二組の対立の結合があるという。一つは、「明晰にして判明」な概念（concept）とあいまいで形の定まらない鶴見があえてつくりだした「内念（endocept）」のあいだの対立と結合であり、もう一つは、アリストテレス的な形式論理学と鶴見が古代論理（paleologic）と呼ぶ知とのあいだの対立と結合である。前者は、同一律、矛盾律、排中律に代表される「異化の論理」であり、後者はより古い基層にある「同化の論理」と定式化される。そのうえで、この異種の知の様式の結合（つまり創造性発現）のタイプとして次の三類型を提起した。第一の類型は、内念と古代論理が優先される「同化型」、それと対照的に概念と形式論理が優先する「対立—統合型」が第二の類型、そして概念と内念、形式論理と古代論理を折衷させる「折衷型」の三タイプである。鶴見は、この創造性の三タイプそれぞれの代表的な知の創造者として、折口信夫、柳田国男、南方熊楠をあげて議論を展開する（表）。

この二組の結合のなかで、概念と形式論理（学）は、他者（自己以外の何か）との差異を極大化するという点で「異化の論理」であり、内念と古代論理は、自他界区分を曖昧化することで自己と他者の融合や重複、補完や転換をもたらす点で「同化の論理」と言える。これは絶えず確固とした存在（本源的で自然な存在）を疑いそれを解体し尽くそうとする「再帰性の論理」と、つねに確固とした存在（安定的で前理性的な存在）を希求しそれを本質化しようとする「恒常性の論理」とのあいだの葛藤でもある。創造性は、この二つの論理の接合と融合の様式のなかに胚胎するのである。

こうした接合と融合の様式が、社会全体に強制的に覆いかぶさった状況は、西洋近代の知的様式と非西洋近代の土着のそれとが衝突、競合、葛藤したところでは日常的に、かつ顕著な形で立ち現れている。このことをヨーロッパ列強によって植民地支配され（それ以前には奴隷貿易で社会を根扱《ねこ》ぎにされた）アフリカ社会の歴史的・社会的経験からみることにしよう。しかしこうした衝突は、アフリカに象徴される「西洋近代の外部」にのみ生起しているわけではない。アフリカ社会においても知の様式や価値観、社会編成の制度、経済システム、文化編成などあらゆる領域に、西洋近代の支配的諸力はすみずみまで浸透している。それらは今や（後述するように）アフリカ社会に養取されその一部となっている。また西洋近代型社会とみなされている社会の内部にも、人びとの日常生活のなかで支配的諸力とは異質な力が作用し、両者のあいだに妥協、葛藤、競合、接合、融合、棲み分けなどの動態的な関係性を築いていることは強調しておく必要がある。

ここではわかりやすい事例として、他者との差異を極大化し圧倒しようとする「異化と排除の論理」のチャンピオンとしての西洋近代の知的様式と、他者と自己との境界をつねにあいまいにしてきた、

「I am because we are」的人間観をもつアフリカ的な「同化と糾合の論理」のあいだの関係性の動態について検討することにしよう。そこから見えてくる地平は、アフリカの「問題」ではなく、今日の世界に君臨する西洋近代的な諸力を相対化することで現れるもう一つの可能性なのである。まずはアフリカを題材とした一つのエピソードを紹介しよう。

二〇〇一年、エイズ禍が猛威を振るっていた時代に、アメリカのＵＳＡＩＤ長官が抗ＨＩＶ治療薬であるＡＲＴの提供をアフリカ人の患者に対して回避する発言をして問題化されたことがあった。ＡＲＴの服薬は時間を遵守して規則的に継続する必要があるが、アフリカ人にはそれが不可能なので、高価な薬が無駄になると主張したのだった。彼は「ＡＲＴはアフリカ人には適していない、彼らは西洋の時間観念をもっていない」として、まずはアフリカ人に西洋的な時間観念を身体化させる訓練が必要と述べた。もちろんアフリカ人の患者には、西洋的な時間観念とは異質な時間観念の知識がある。しかし長官が想像できなかったことは、患者たちはその時間観念とは異なる時間観念（ここでは西洋的な時間観念）を自在に自分たちの生活世界や社会生活に取り入れ、複数の時間観念を生きることができるという点だ。彼らは「異化の時間」と「同化の時間」をともに一つの人生のなかで組み合わせて生きているのである。

ＵＳＡＩＤ長官の「アフリカ人には西洋近代的時間観念がない、したがって西洋近代的服薬はアフリカ人には不可能」という意識は、西洋とアフリカ、近代と伝統、あるいはグローバルと土着という、これまで多くの議論がなされてきた二分法の認識論から生まれたものだ。この二分論の世界観は今日もなお強力である。一方の極に、アフリカとはまったく異なり、自律し理性を備えた近代的で、文明化された西洋社会がある。他方の極には、未開な慣習や伝統にいつまでも囚われたアフリカ社会がある。その空間は、単純で、停滞的で、非科学的・非合理的な思考に支配された未開発の空間として表象される。こうした二分法の確立は、競争的で排他的な西洋文明の価値を至上で普遍的と信じる人びとによって推進され、その過程でアフリカ的な人間観、社会観、歴史観などの知の認識論や、問題解決のための実践や知識は、黙殺され差別され否認されてきた。こうした状況がつづくと、アフリカ的なものは次々と周縁化され、西洋的なものに「改宗」されていき、西洋的な制度のなかで西洋的な知識や価値を学習し模倣するアフリカ人像が「期待される人間像」として社会的に推奨されるようになる。

こうして進んで西洋的なものを摂取する近代主義者が誕生する。それと同時に、それと正反対に、西洋的な知識、制度、価値観を拒否し、伝統的なアフリカ的なるものを拠り所にする人びとも出現する。「西洋の支配のための道具としての西洋的なものを拒絶すべし」という伝統主義者（アフリカロマン主義者）たちである。近代主義者にせよ、伝統主義者にせよ、よって立つ認識枠組が、二項対立的（二分法的）なものである点では同じコインの裏表の反応といってよい。現実はこうした単純な二項対立では解けないほど両者は複雑に絡み合っている。なぜなら植民地統治によって大量にかつ制度的にアフリカ社会に持ち込まれ、上から強制的に植え付けられた「西洋的価値」「西洋的制度」は、良くも悪くもすでに今日のアフリカ社会の一部となって人びとによって十分に生きられているからだ。では複雑に絡み合いながら機能している、植民地支配の今日的痕跡に対しては、どのような態度でのぞむべきなのだろうか。

この点についてカメルーン出身の人類学者で思想家のフランシス・ニャムンジョは極めて興味深い比喩で一つの回答を提示している。つまり、この西洋によるアフリカ植民地支配の痕跡を、西洋と交わったアフリカが産み落とした「赤ん坊」と捉え、この不完全な生き物を「流産させたり」「始末したり」することは選択肢になりえないという（Nyamnjoh 2017）。たしかに西洋の強制的な暴力（植民地支配）と衝動的に他者の資源を強奪する行為は嫌悪すべきものだが、同時に不完全な赤ん坊に対しては深い愛情を抱くという。そのうえで、西洋の痕跡を拒否するのでなく、養取することによって、赤ん坊自身を西洋出自の暴力と支配の欲望から解放するというのである。「赤ん坊」の比喩は、西洋とアフリカ、近代と伝統、グローバルと土着といった平板な二分法の枠組を超えて、相互の接合と補完、相互の転換、相互の変容を可能にする両者の関係性を示しているといえるだろう。

そしてこの二つの知の様式間の接合、転換、転換の知識と実践（知と技）のなかに、問題解決のための潜在的な力（創造性）を見出せるのではないか、というのが本論集の壮大な目論見なのである。

2　創造性の生成と不完全性

イデオロギー化からの離脱

本論で述べる創造性は、問題解決のために多様で異質な次元にすでに存在している複数の思考や実践・制度を「新奇にかつ異常に結合させる」力のことだが、こうした組み合わせを主導するのは、これまでは、首尾一貫した体系的な規範しかありえないと捉えられてきた。それ以外の首尾一貫しない非論理的な力や、不安定でその場その場の偶発性や成り行きで組み合わせが定まっていく過程は、議論の視野から完全に放逐されてきた。いわば組み合わせは、誰からもどこからもクレームをつけようのない完全なる論理と力でなされるもので、それ以外のいわば「不完全」な論理や力にはそうした結合力は認められてこなかったのである。

しかし前節でとりあげたニャムンジョはこの不完全性を、一つの知の様式の在り方として積極的に肯定する。ニャムンジョは、西洋近代文明はつねに他者と競い「正しさ」で圧倒し征服することを内在化した、いわば完全性追求の文明であるのに対して、アフリカは不完全な存在が、他者と補い合い他者と入れ替わりながら、よりよきものにつねに変容しつづける可能性を内在させている点で対照的であるとした。ニャムンジョのこうした指摘が日本でとくに強く支持されるのは理由がある。日本社会の「小さな共同体」においては、こうした不完全性の遍在と、完全性からのつよい圧力（たとえば伝統的規範の強調とか普遍的真理による支配というような）を実感していたからである。今日の日本文化もまた不完全性の文化と完全性による標準化の葛藤のなかで生成されてきたといえるだろう。

日本文化のなかにこうした不完全性への傾向があることを指摘した一人が、アイゼンシュタットであった。彼は比較文明論的考察のなかで日本文化を他文明と比較して特記すべき点として、「イデオロギー化の水準の著しい低さ」をあげた。日本文化もまた正統と異端の原理的対立という発想は脆弱で、絶対真や絶対神というような絶対的存在に還元して出来事や対象を判断する思考に関心を抱いた（アイゼンシュタット 一九九六）。

同じ傾向に着目し、それに否定的な意味を与えたのは日本の著名な政治学者であり思想家の丸山真男であった。丸山は日本の伝統思想が、たとえば西洋のような「完全性」を理想として抽象化、規範化、論理化を支柱とする思想と遭遇したとき、その思想の土台にある抽象化、規範化、論理化と徹底して対峙する道は選ばずに、表面上の意味内容の受容で対処してきたことが、徹底した社会の近代化や市民の出現を阻んできたと指摘した。丸山にとって、完全性を志向する文明に対して、その論理的で合理的な思考を拒絶し、生まれついたままの直観的感覚に寄り添って不完全な状態に甘んじていることは、知性の弛緩であり到底受け容れられるものではなかった。そして不完全性の思考（伝統思想）に対して、「手ごたえのたしかな感覚的日常的経験だけを明晰な世界と認め、最後に理性的なもの一切を牽強付会として反発」するものであり、政治的には「既存の支配体制の受動的追随」に過ぎないと厳しく批判した（丸山 一九五八）。

しかしこうした丸山の完全性評価の観点については、文芸批評家の小林秀雄からの激しい反発を招いた。反発の論点は、西洋近代の完全性の立場にたつ認識論は、分析的理性で認識できないものをすべて「感情」「不完全」「非合理」として排除してきたが、人びとの日常生活はこうして排除されたものから成立しており、それが認識できない認識論は欠陥であるというのである（小林 一九七七）。

こうした社会における「普通の人間」の日常世界がもつ創造性については多くの指摘がある。たとえば一八世紀の思想家、文献学者である本居宣長は、完全性を理想とする（抽象化と規範化の論理思考をもつ）中国の朱子学を批判し、日本古来の不完全性の文化を擁護したが、彼が依拠したのが社会の名士である「君子」ではなく、ごく普通の人間である「小人」であり、彼らが生を営む現場である「低きところ」から発する感情に可能性を見出した。

このような日本の伝統思想をめぐる「完全性」と「不完全性」あるいは「ロゴス」と「感性」をめぐる議論は、ニャムンジョの重要な知的枠組としての不完全性の議論をより大きな世界の知的枠組の生成史のなかで発展させることに貢献するだろう。

ニャムンジョが注目した不完全性という特性は、イデオロギー化、規範化、抽象化、論理化という完全性を志向する知の様式が重視してきた要素には関心を示さない。しかしながら不完全性は社会のさまざまな局面に遍在している。身体や精神の不完全性、思考や実践の不完全性、空間や時間の不完全性など、多種多様な存在や表象がある種の「欠損」をもって、他者と繋がっている。こうしたなかで特に不完全性を新たに産出する空間や場面がある。不完全性の社会理論を提起したニャムンジョが例示するのは、ナイジェリアの小説家エイモス・チュツオーラが描く世界であった。

チュツオーラは、ヨルバの神話や伝承を下敷きにした不思議な物語を多く創作し、マジックリアリズムと呼ばれる世界を築いた。代表作『やし酒飲み』（チュツオーラ 二〇一二）では、頭蓋骨だけの紳士、指から生まれた赤ん坊など不完全な存在が次々に登場する。主人公のやし酒飲みもまた、鳥になったり、石になったり、神にもなったりと変身を繰り返す。こうした不完全性が産出・増強される空間として、森の中が描かれている。森の中には気持ちが悪かったり可愛かったり、恐ろしかったり想像すらできない奇妙な生き物がおり、「やし酒飲み」もこうした生き物との接触を拒絶しているわけではない。『やし酒飲み』の次作にあたる『ブッシュ・オブ・ゴースツ』（チュツオーラ 一九九〇）においても森は想像を絶する異世界であり、奇妙なゴーストたちが奇妙な行動をして主人公を苦しめる。しかし、こうした奇妙な存在が世界の不完全性を再チャージすることで混沌という秩序が生成されつづけているのである。不完全性が産出される世界では、不完全な存在やモノが存在を超えて通交し、それを通して相互に不完全状態を変容させることで人びとの日常の暮らしをよりよき方向に導いていったのである。

集合性と創造性

創造性にまつわる異質な要素を繋ぎ合わせる知の様式を規定する第一の要素が不完全性であるなら、第二の要素は集合性である。不完全性の知的世界における人間観は、不完全な個的主体が同じように不完全な他者と補完・重複しあいながら繋がることで共同性を生成・再生成していることを前提にしているが、その状況は本質的に集合的である。五〇年前にアフリカ的人間像を論じて一世を風靡したジョン・ムビティの「人は人びとを通して主体となる」(Mbiti 1969)や、今、再度アフリカ発の人間観であるウブントゥイズム(後述)を論じるニャムンジョの視点もそのことを示している。

人類学的思想の可能性を探求したアメリカの文化人類学者ブーン(Boon 1982)が指摘したように、非西洋近代的自己(彼はそれを tribal self と規定した)的存在が一般化された肯定形のシステムによって構築されるのに対して、西洋近代的自己(彼はこれを scribal self と呼んだ)は、さまざまな他者を否定して最後に残る「他でもない私自身」として自己を析出してきた。前者においては、他者との関係は二律背反的な排他的なものではなく、互いに相手を必要とする相互補完的なものになるが、後者においては、排他的な他者が想定され、相互に相手を排除する過程で自己を確立する。したがって、相互に競合して勝者が敗者をまるごと破壊し吸収することになる。そして勝利した側が、普遍性を確保するのである。こうした西洋近代型の人間観において問題になるのは、「私たち」ではなく「他でもない私」となるのは自明のことだ。これとは対照的に、たとえばムビティやニャムンジョが提起するアフリカ的人間像(それをニャムンジョはウブントゥイズムと呼んだ)では、自己の存在のためにはつねに他者を必要とすることになる。したがって、こうした世界において着目する人間観と主体意識は集合的にならざるを得ないのである。

しかし西洋近代的自己とウブントゥイズム的人間観を、たんに個的と集合的と区別することだけでは現在の議論においては十分とはいえない。ニャムンジョが指摘するように、それらは現実の生の交錯のなかでは相互に絡み合い接合しているし、相互に転換しているからだ。そこにはその絡み合いを解きほぐす作業（対話）が必要となる。この作業については、たとえば普遍的人権を例にとるとわかりやすい。今日、アフリカ社会に限らず、普通に暮らす人びとが国家権力やグローバル企業によって人権を侵害されるケースは日常的に生起している。

しかしウブントゥイズム的人間観のように集合的主体論にたつとき、こうした個々人が被る人権の侵害に対してどのようなクレームが可能になるだろうか。西洋近代的自己論にたてば、クレームはシンプルである。「かけがえのない個の尊厳」が侵されることは、普遍的人権擁護の点から許容できないとクレームできるからだ。これまでウブントゥイズム的人間観を主張する人びとにとって、普遍的人権概念は、本質的には西洋近代的人間観を至上としそれ以外の人間観を否定してきた、批判すべき対象であった。こうした立場にたってきたガーナ出身でアメリカの人権・共生研究者ジョシア・コバーは、この問題を解決するために、一方でウブントゥイズムを擁護し（西洋近代的自己像至上主義を批判し）、他方で被害を被った人びとの救済を可能にするために、両者の対話（接続）を模索することを提案した。

コバーが編み出した試みが、個的主体至上（西洋近代的人間観と普遍的人権概念）の体系のなかに集合的主体の要素（ウブントゥイズム的人間観）を潜り込ませようとする「脆弱な相対主義 weak relativism」という対話の技法であった（Cobbah 1987: 330）。この折衷案は、非西洋近代的社会の共同体主義と西洋近代社会の個人主義を対比させ、普遍的人権を後者に特有のものと捉えたコバーが、前者のもつ価値への蔑視と否定を批判しながら、現実に普遍的人権言説によって弱者救済をはかろうとして創り出したものだ。そこでは、人権をすべての人びとにとってポジティブで普遍的な権利とみなすが、それはあくまでも道徳的次元に限定されていると規定する。現実の社会生活や政治の次元においては、それぞれの社会や地域において具体的な形態をとるとする。したがって一人ひとりの個人がもっている基本的権利の普遍性を承認しつつも、それに付随する責任や実現のスタイルは地域によって変異していることを強調するという少々トリッキーな論理で両者の並立をはかったのである。

個的創造性と集合的創造性

こうした相対立する（歴史的には coloniality と postcoloniality を背景にもつ）二つの人間観の対話と相互接続について、さらに議論を深めるために、創造性の問題を補助線に導入してみよう。創造性は、人びとあるいは人が、さまざまな状況において多種多様な困難に直面した際に依拠する問題解決力の核心の一つであり、「もう一つの」問題解決の知恵と技法（思想と実践）を探求するうえで検討すべき最重要の課題である。

従来、創造性は当然のことながら個的存在（個人）に付随した能力とみなされてきた。心理学や教育学では、創造性を「ある目的達成のためにアイディアを生み出す力」や「それを基礎づける人格特性」と定義して、それを測定するために創造性の評価尺度が定められ実践されてきた。そこにおいて創造性は疑いなく個人のもつ能力の一つであった。

個人の能力や人格として捉えられてきた創造性を、ウブントゥイズムのような集合的（共同体的）人間観を主張する立場は、いったいどのようにして捉えることができるのだろうか。実際に新しいアイディアを創造したり、創造的行為を行うのは具体的な個人であることは間違いない。こうした個人の営みをどのように集合的な創造性と結びつけることができるのだろうか。この点について検討する手がかりとしては、一九九〇年代にイギリスの社会人類学者ヴィクター・ターナーの弟子たちが彼の業績を記念して刊行した *Creativity/Anthropology*（Rosaldo et. al (eds.) 2018）が適しているだろう。この論集は、ターナーが創造性の産出される場として想定したコミュニタスとリミナリティを取り上げ、創造性が個人の営為だけでなく共同体の集合性を帯びていることを強調する。そこでは創造性は、既存の文化的実践を共同体やそのメンバーの一部が価値を承認するやり方で変革するような人間的諸活動の総体として定義される。

集合性のポイントは、変革されるべき既存の文化的実践である。この既存の慣習的実践（つまり文化）はすでに何世代にもわたり複数（多数）の人びとの関与によって今、ここに伝えられたものであり、それに手を加え新たな何かを付け加えたり変化させたりすることも集合的な行為とみなされる。その集合的行為に作用する創造性もまた集合的創造性とみなされるというわけだ。たとえ伝えられた文化に何の手も加えずそのままにしても、その文化の持つ意味は歴史と社会状況の変化にしたがって変容している（再創造されている）と見なされる。

この論集のなかに、プエブロ社会でそれまでの伝統様式にはなかった陶器の語り部人形を制作した女性職人コルデロが取り上げられている。プエブロ先住民社会では一九世紀末に白人文化と接触するようになると、観光商品としての陶器人形が出現する。それは小さな動物の人形であったり、赤子を抱いた母親の座像人形だったりした。これがプエブロ社会の文化となり、コルデロも当初はこうした「伝統的」人形を制作していたが、白人の民芸品収集家と出会い、これまでと異なる意匠の作品をつくり始め、さらにこれまで匿名だった作品（商品）を徹底的に差異化し個人性を刻印したうえで、新たな文化的意味を創造していったのである。このユニークな陶器制作の実践は、既成の慣習的制作文化を逸脱する一方で、それまで社会のなかで支配的なコミュニケーション回路から排除され、沈黙させられてきた女たちの声を生き返らせる表現様式になった。

この新たな意匠の陶器人形の制作によって、彼女はプエブロ社会と外世界を繋げる過程を変容させ、社会（共同体）自体の変化を創出していったのである。この彼女が示した創造性は、たしかにいっけん、卓越した能力とユニークな人間関係をもつ個人の文化的創造のようにみえる。しかしこの新たに創作された語り部人形の造形、デザイン、文化的意味は彼女が無から創り出したものではなかった。それらは社会的に蓄積され存在してきたいくつもの選択肢の組み合わせによって、これまでになかったコンビネーションが創造され「作品」となった。この有限の選択肢の範列から析出される点で、彼女の創作は一種の集合的創造性の産物ということができる。さらに付言すれば、創作人形のモデルとなったのは彼女自身の祖父であり、プエブロ社会では知らぬものがない語り部としてそのイメージは社会的に継承されていた。

こうして他者とつねに接続し、他者と相互に依存しあうなかで構成される個人が発揮する創造性は、一方でその個人のもつかけがえのない能力と技量に規定されながら、他方では個人という存在を超えて社会（共同体）からの働きかけや、個人から社会（共同体）へのアクセスによって（そしてその両方の同時生起によって）生成されている。その意味で、それは集合的な創造性と言えるのである。集合的創造性について重要なのは、その発現する場はつねに創発的（emergent）だということである。集合性の基礎となる社会（共同体）も閉鎖的で固定的なものではなく、開放的で流動的なものだ。そのことはアフリカ社会の共同体をみるといっそうよくわかる。親族共同体にしても村落共同体にしても、ましてや民族共同体にしても、いうまでもなく国民共同体にしても、外延（境界となるメンバーシップ）はあるものの、つねに他者を内部に取り入れ、メンバーを外部に送り出していることは知られている。放浪者と一族の女を婚姻させて彼らを取り込んだり、漂泊して流れ着いたよそ者に土地を与え、新たなクラン（氏族）を開かせたり、養取したりすることは珍しいことではなかった。また新天地を求めて移動し、移動先の言語・文化を受け容れて定着し、しばらくすると再度移住するということも頻繁に起きていた。こうして二重帰属、クラン同盟、民族変更といった現象が生まれるのは、そもそもの共同体の開放性と流動性の表れである。こうした傾向は、アフリカ社会においてはヨーロッパ宗主国による植民地支配制度が完成するまでつづいていた。

このような状況においては、集合的な創造性も創発性をつよく帯びることになる。こうした創発的な環境で生まれる集合的創造性の象徴的な事例として国際的に注目されているのが、日本の連歌である。連歌というのは日本の中世に生まれ、一四世紀から一六世紀にかけて流行した、多人数が共同して和歌を連作し一つの作品に仕上げる詩の形式である。多いときには一〇〇〇首の和歌によって作品ができあがることもある。最初に一人が短い詩をつくり、以下参加した人びとが順番に前の詩を受けて創作をつづけていく。メキシコのノーベル文学賞受賞者オクタビオ・パスが友人の詩人をあつめて連歌を実践し、詩集「Renga」を刊行して連歌のもつ集合的創発的創造性を広く世界にアピールしたことはよく知られている。一人ひとりの詩の創作はたしかに個人的な能力による部分が大きいが、それを次々に受け継いでいき、当初は想像もされない一つの作品を創造することは集合的創造性以外の何ものでもないだろう。また連歌の場は、もともと相互に無縁なメンバーがたまたまその場で出会い共同創作を行う点で、その場は閉鎖的で固定的なものではなく、流動的で創発的なものである。そこでは、家族、階層、出自に関わる「自然な共同性」から離れて、無縁の者たちによってつくられた暫定的で創発的な共同性がある。それは生産のための共同体ではなく、特定の目的のために方向付けられた組織でもなく、「無為のなかで接しあう存在者たちのコミュニケーションによってのみ存在しうる共同体」なのである。

このように、人と人を接続し相互に依存させる非西洋世界の社会（共同体）自身が、創発性をつよく帯びていた。こうした創発的共同体が示す集合的創造性こそが、その中心に位置している。それは西洋近代的な人間観が主導する個人的創造性とは次元の異なるものであり、個人の創造力と社会（共同体）の集合的な力が対話するなかでつくりだされたものなのである。

3　コンヴィヴィアリティの再創造

創造性にまつわる異質な要素を繋ぎ合わせる知の様式を規定する最後の支柱は、コンヴィヴィアリティ（conviviality）である。コンヴィヴィアリティという言葉を社会理論のなかに定着させたのはよく知られているようにイヴァン・イリイチ（Illich 1973）だが、創造性をめぐる議論のなかではこの言葉はイリイチ的な概念を再創造して発展させている。それはこれまで述べてきた創造力を支える知の枠組である不完全性と集合性とコンヴィヴィアリティを深く関わらせて捉えているからだ。イリイチのよく知られたコンヴィヴィアリティの定義は、「人間的な相互依存のうちに実現された個的自由」というものだった。イリイチは脱産業主義社会を構想するなかで、自由な個人が、道具を用いて自らの手を使って生き生きと働くことに価値をおいた。道具というのは、それを用いる各人の想像力の結果として環境を豊かなものにする最大の機会を与えるものであり、コンヴィヴィアリティをもたらすものでもあった。

もちろん現代の産業化社会における人間疎外と不可視の統治システムから逃れるために、イリイチが着目したコンヴィヴィアリティの概念は有意義であり、多くの新たな地平を創造していったことは間違いない。しかしながらその核心となる人間観は、やはり西洋的な個人を想定した人間観であり、個的自由を生み出す集合的主体とその両者が織りなす相互接続・相互依存の動態的な関係性（対話）は視野に入っていない。イリイチ的な個的自由は、たしかに他者を排斥・征服する独善的な支配者としての個的主体ではない。それは、寛容や協調、共生や包摂をもたらすものではある。しかしながら自由な個的主体は、いかに相互依存のなかにあっても、つねに自律的であろうとする誘惑から自由ではない。自律的になることは、他者との分離・切断へと繋がるし、他者から切断された個は必然的に独我化するか他者と競合する。こうした回路を断ち切るには、個的主体ではなく、他者との相互接続・相互依存を身体化した集合的主体への目配りがどうしても必要になるのである。

このような立場でコンヴィヴィアリティを定式化しなおしたのが、本章で何度もとりあげたニャムンジョのコンヴィヴィアリティ・モデルである。彼はウブントゥイズム的人間観におけるコンヴィヴィアリティは、集合的な主体に基礎づけられていることを指摘する。集合的主体の発現については、アメリカのメキシコ先住民運動研究者で実践家でもあるマニュエル・キャラハンのコンヴィヴィアリティの議論に寄り添いながら、キャラハンがメキシコ先住民研究の実践の中で見出した活動に着目する。キャラハンはメキシコのサパティスタ運動のなかで、コンヴィヴィアリティが反植民地、反帝国主義、反資本主義の闘争を促進することを指摘し、社会変容に対処するという人間の能力を活性化するための道具としてのコンヴィヴィアリティの意義を強調した。このようにニャムンジョがウブントゥイズム的人間観と結びつけたコンヴィヴィアリティは、アフリカやメキシコのような非西洋社会（だけでなく西洋社会の内部の民俗社会の基層においても）の日常世界に遍在している。たとえば、人が問題に直面したとき、その問題に向き合い対処する能力（それを創造力といっておこう）を活性化するには、個々の人間がもっている不完全性を次々と繋ぎながら問題対処の力を最大化していこうとする。そうして生成されるのが集合的主体となる。キャラハンが対象としたメキシコのケースで言えば、先住民への抑圧や搾取という問題に対処するために、小さな不完全な先住民一人ひとりが相互接続・相互依存の力を強化して、反帝国主義、反資本主義の抵抗闘争を組み立てていく、その過程をけん引するのが集合的な主体ということになる。

しかしながら注意しておかなければならないのは、この集合的主体は、個的主体と対立・葛藤の関係にあるのではないということだ。多種多様な個的主体のあいだには、現実には憎悪や暴力、反目や差別が生じるが、その緊張した関係のあいだにもつねに相互接続と相互転換の仕掛けが用意されているし、同じことは、集合的主体と個的主体のあいだの齟齬と葛藤についても言える。集合的主体の設定は、こうした重層的な相互接続と相互依存（すなわち対話）とセットになっているのである。

ニャムンジョが提起するウブントゥイズム的人間観に関わるコンヴィヴィアリティを基礎づけるもう一つの特性は、不完全性であった。しかしこれもまたアフリカ社会に限定された特性ではなく、日本の民俗社会も含めて多くの社会にあてはまるものだ。ニャムンジョは、ウブントゥイズム的人間観において、個的であれ集合的であれ主体はつねに不完全であり、不完全であることが常態であると断言する。そして不完全であることが肯定されると、不完全であることをやめ完全であることを求める欲望もまた抑制される。それぞれが不完全であるがゆえに個的主体相互の接続と依存もいっそう促進されコンヴィヴィアルな状態が発展していく。ニャムンジョはこれについて、「このコンヴィヴィアリティのおかげで、同じように不完全な他者（人間や自然、超人間や超自然的存在）との通交によってもたらされる潜在的な可能性を取り入れながら、自らを高めたり補ったりする方法を探求することができる」と指摘している（ニャムンジョ 二〇一六）。

こうしてみると、ニャムンジョが述べるウブントゥイズム的人間観、すなわち非西洋社会の民俗世界の人間観におけるコンヴィヴィアリティは、「人間的な相互依存のうちに実現された個的自由」というよりも、不完全な他者を繋ぎ合わせる不定形の装置として捉えることができる。より正確にいうなら、ここでいう不完全な他者は、人間的存在に限らない。コンヴィヴィアリティは、超自然的存在や関係性自体も含む、いわば異質な次元にある複数の何かを結節させる装置としてある。

再帰性と恒常性

コンヴィヴィアリティを異種結節装置として捉えると、創造性を検討するさいに、問題解決のために多様で異質な出来あいの要素を組み合わせ、繋ぎ合わせるための重要な異種の知の様式がある。それは再帰性と恒常性である。人と人が繋がろうとするとき、もっとも安易で強力な手段は、固定的で排他的なアイデンティティの共有である。人種や民族、国家や自治区、村落あるいは家族や親族といった単位はこうしたアイデンティティを共有しやすい。それらは自然な紐帯を装い、紐帯への疑いを排除することで、内部の差異を最小化し、外部との差異を極大化する傾向がある。差異が極大化されると、内と外の区別は絶対化され、外に属する人や集団と競い、争い、闘うようになる。このような共同体のアイデンティティによる強制や拘束を拒絶しようとすると、諸個体の繋がりは解体され、それぞれが分断され孤立化していく。

人は生きるために他者と繋がり相互に助け合ったり補い合ったりする必要がある。とりわけ現代社会のように諸個体間の伝統的紐帯が脆弱化され、諸個体間の分断化と流動化が急激に促進される状況のなかで、人と人がどのようにしてお互いに繋がっていけるのか、という問いかけは社会の成立のための最重要の課題となっている。自己の生を他者からの干渉・介入から自由にして実存を豊穣化していきたいと願う一方で、生きていくために他者と繋がり連帯していくことを希求せざるを得ない。このいっけん二律背反の状態をリベラル論者のリチャード・ローティは「私的な自己創造」と「公共的連帯」のジレンマと捉え、「公共的連帯」のために共同体の意義を強調する立場を批判した。一方でリベラル論者の対極にあるサンデルやマッキンタイアなどのコミュニタリアンは、諸主体が主体であるためのアイデンティティの核心を共同体に求めた。

人が他者と繋がるためには、その紐帯は確固とした「自然」なものでないと安定性にかける。ただ創発的に出現する不安定な紐帯だけでは、人は安心して繋がることはむつかしいのである。それゆえに人はつねに安定していて「自然」な繋がりを求める。それが恒常性の希求である。国家や民族、あるいは親族といった共同性の単位には、この恒常性が強力に付随している。だからこそ、この共同性のために自己を犠牲にしたり（個人的な恨みのない）他者を抹殺したりすることまで可能になる。しかしこうした強力な恒常性の希求によって繋がった共同性は、先述したように容易に内部に自閉して絶対化され、他者を暴力的に排除するような関係に変質する。そのことは戦争・内戦におけるジェノサイドを引き起こした集団間の対立をみれば一目瞭然だろう。他者と連帯するために恒常性の希求だけに頼ることは極めて危険な選択なのである。

したがって、このような暴走する共同性については、つねに自省し共同体の固定化を阻止し（解体し）流動化を進めることが必要になる。それが再帰性の希求である。他者との紐帯や共同体への帰属意識が絶対化されたり固定化・単一化されたりしたときは、それを相対化、流動化、複数化することで暴走を抑制する仕掛けを整えるのも再帰性の力である。この二つの力（恒常性と再帰性）は、どちらか一方を促進し他方を抑制する形で対応することはできない。それら二つの力への希求は、同時に実現しなければならない。人と人を繋ぐさいに作動するこの正反対の力を、同時に実践するための核心こそがコンヴィヴィアリティなのである。

地平の融合と創造性

創造性を検討するなかで、私たちはたんに問題解決のためのある技法が、これまで一方的に否認され無価値化されてきたことに気づきそれを再評価するだけでなく、こうした技法を生み出す母胎となる人間認識、世界認識について検討を深める必要性を感じていた。たとえばアフリカ社会における人間認識については、一九六〇年代末に刊行されたムビティの『アフリカの宗教と哲学』(Mbiti 1969)で強調されて以降、人びと(コミュニティ)あっての人(個人)という人間観が、西洋の自律的、自己責任的個人を価値づける人間観と対比されてきた。ムビティが引用するスワヒリ語のことわざ、Mtu ni mtu kwa sababu ya Watu (人は人びととして存在するがゆえに人になる)はその人間観を象徴してきた。その後も、ブーンやコバーによってこうした人間観は繰り返し強調されてきた。ブーンにとって西洋近代的個体のアイデンティティ構築とは、否定形による自己の抽出過程に他ならなかった。つまり、AでもBでもCでもXでもないものとして、最後に残ったものが自己として認識されるのである。西洋近代において、アイデンティティ構築は、中央集権化された否定形システム(さまざまな他者性を想定しそれを一つ一つ否定して最後に残る唯一本質としての〈私〉を前提とする世界)の産物なのである。これに対して、アフリカなどの非西洋社会では、一般化された肯定形のシステム(AでもBでもCでもXでもある〈私〉を前提とした世界)によって、アイデンティティが構築される。そこにおいては、他者との関係は二律背反的な排他的なものではなく、互いに相手を必要とする相互補完的なものをイメージするとわかりやすい。聖と俗、男と女のように、両者を合わせて一となすような二者間関係によって、自己を析出するのである。そのために、自己と他者は、「私以外の何かが他者で、他者以外の何かが私」という関係のなかで共存することになり、相手を圧倒したり否定したりする必要はなくなる。近代西洋的な排他的自己は、差異に不寛容で攻撃的であるのに対して、アフリカ的自己は、差異を公認し相対化する性向を身に付けている。

ニャムンジョが、Ubuntuism and Africa と題した講演のなかで冒頭に説明した点もこうしたアフリカ的人間観（ウブントゥイズム）の特徴であった。そこでは自己と他者とが相互接続と相互依存を通して支えあい繋がりあって人間となる過程が示され、それこそがネオリベラリズムが席巻する現代世界にとって有用であることが示唆されている。しかしニャムンジョの理論が今日重要なのは、こうした一九六〇年代以来の特徴の再確認ではない。現代世界においては、アフリカのウブンツ（人間像）が内部からアフリカ人自身によって深刻な危機に追い込まれていることと、それを乗り越える方向を議論し実践している点が重要なのである。

ニャムンジョが講演のなかで例示したのは、トーゴ出身でヨーロッパのプロリーグで活躍するサッカー選手の苦悩だった。彼は欧州のトップリーグで活躍し故郷に対して莫大な経済的サポートを継続してきた。しかしながらそれによって彼が得たのは、ウブントゥイズムに基づく親族からの扶助の強要と際限のない不満と非難の嵐だった。彼のそのような継続的で献身的な援助にもかかわらず親族からはたんなるATMとしかみなされず、何の感謝も尊敬もされることはなかった。こうした状況は、ネオリベラリズムの浸透とともにアフリカ社会が急速に市場化され、利己的個人主義が浸透することでウブントゥイズムが解体されていく過程を示している。ニャムンジョはそれに対して、一方的にウブントゥイズムの復活と保護を主張するのではなく、西洋近代のシステムと対話をすることで相互にとってよい状態へと進むことができると強調する。そのさい、彼が重視するのが、相互の立場性の転換である。かつて西洋近代の価値観や人間観によって差別され排除されたアフリカ人のなかに、人びとを差別し排除する価値観をもつ人が出てきたり、差別排除してきた人びとのなかから、ともに繋がり支えあう関係を価値づける人びとが生まれたりする。こうした「狩る側」と「狩られる側」との相互転換によって、両者は「狩り」の本質についての認識を共有し再び新たな関係性を創出することになる。アフリカ的人間観と西洋的人間観を対照させて一方を正、他方を誤とするのではなく、相互に立場を転換して新たな関係性を創出するという点こそが、現代のウブントゥイズムの議論の核心なのである。

それはカナダの政治思想家・哲学者であるチャールズ・テーラーが、ガダマーの用語をもとに異なる政治文化の関係のあり方について展開した「地平の融合 fusion of horizons」とも相通じるものだ（Taylor 2011）。ガダマーは過去の文献に対する現在の解釈について検討するさいに、文献を過去のコンテクストで解釈する地平と、現在のコンテクストによる解釈とでは解釈する地平がまったく異質なものであるにもかかわらず、その異質性を乗り越えて複数の異なった地平同士が融合されて新たな地平を創出することによって、それぞれの地平における解釈について判断できると主張した。それが地平の融合である。このガダマーの発想を、テーラーは、異なる価値観、異なる文化同士の相互理解や相互承認の議論に接続しようと試みたのである。ニャムンジョがウブントゥイズムと西洋近代的人間観のあいだの接触、競合、排斥、支配という関係性の行き詰まりを打開するためのブレークスルーとして注目したカギも、このテーラーが修正した地平の融合モデルと重なり合うものだ。それぞれの人間観に依拠した実践や思考は、相互に敵対・葛藤するものであり、実際に一方の人間観をもつものが、もう一方の人間観に転換してしまうことは、先述したトーゴのサッカー選手の親族の例をあげるまでもなくありうることだ。しかしその転換自体を相互に非難しあうのではなく、その転換を通してそれぞれの人間観を変容させることで新たな人間観を創出し、それによってそれまでの人間観を相対化して判断することが可能になる。ウブントゥイズム的人間観に代表される非西洋的民俗世界の人間観は本来的にこうした再帰性が埋め込まれた創造的なものであり、こうした転換と変容を包摂していることこそがその核心なのである。

4　本書の構成

創造性は現代社会を生きるためのキーワードである。それは統治する側からももっとも使い勝手の良い言葉となっているし（たとえば創造的人材育成はグローバルリーダー育成などとともに近年の流行語でもある）、それに抗う側にとっても有用な言葉である。それは何より、現代が一方で他者との差異に価値をおき、他方で差異を活用した統治の技法が確立している時代だからである。そうした状況の中で焦点化される創造性は、基本的には個人に備わった能力としての創造性だったが、本書が目を向けたのは個を超越して発現する集合的な創造性である。この集合的創造性は、全体像が確定していないという特性があるゆえに、統治の新たな技法として人びとの日常世界を上から包み込む力となる可能性がある反面、統治の意志と抑圧の欲望を食い破る可能性もある、現時点では両義的な存在である。本書は、この集合的創造性について多種多様な視点から、その一面（全体像ではなく）を描こうとした試行錯誤の挑戦の軌跡である。時間軸、空間軸を異にする独立した一〇本の論文が、相互に驚くほど緊密に連携して一つの集合的創造性をつくりあげるという意味で、挑戦的な思考実験となっている。一〇人の気鋭の中堅研究者による試みは三部に分かれて提示される。第Ⅰ部の第1章松浦論文と第2章野村論文では、集合的創造性というアイディアの基礎と拡張性が理論的に検討される。いわば理論編である。つづく第Ⅱ部に位置付けられる、第3章阿部論文から第6章安井論文までの四つの論考は、集合的創造性を時間軸から捉えようとする試みである。なぜなら創造性が集合化される第一の契機は、歴史化のベクトルだからである。時間の経緯は政治経済的なシステムや文化社会的構造からの圧力を蓄積させていく。最後の、第7章の石原論文から第10章の丸山論文までの四本が第Ⅲ部を構成している。ここでは集合性を主導するもう一つの契機である空間を切り口に思考実験が繰り広げられる。そこには社会を覆う構造化された矛盾が、「今、ここの世界」とそこで生きる人びとに矛盾として刻み込まれる。この厳しい状況のなかに、集合的創造生成の場を見出そうとする実験的論考群が第Ⅲ部のポイントだろう。

それではもう少し詳しく各章を概観してみよう。

まずは第Ⅰ部である。第1章松浦論文は、集合的創造性概念の限界と可能性について概説する。松浦が思考のために取り上げたのは、一九五〇年になされたJ・P・ギルフォードのアメリカ心理学会長就任講演である。ここでギルフォードは、人間の活動のほとんどが機械によって代行されるときに、最後に残された人間的営みのエッセンスとして創造性をとりあげた。今から半世紀以上も前に、今日の人間とAIの関係を予見していたのである。彼はそこで創造性のジレンマについて述べている。それは、創造性の重視によって創造的人材が育成され、創造的人材が新たなイノベーションをもたらし、それによって人間が新たな機械との競争に晒されるというジレンマである。こうしたジレンマを受け容れそれを乗り越える可能性を、集合的な創造性に求めようというのが本書の展望であり視座なのである。

第2章野村論文の目的は、社会学における創造性概念の居場所の探求である。野村は構築主義が席巻する知的世界のなかの創造性とは何かをまず問おうとする。創造性を社会や文化の土壌から生まれる構築物と捉える作田啓一などの社会学主義的思考に対して、それとは異質な思考として岩田慶治の視点に注目する。それは創造性を社会や文化の外部から来る「何か」と捉える視点であり、岩田が「大海のなかからポッカリと浮か」ぶと表現したものだ。野村はこの岩田の直観的で神秘的な視点を、《外部》との異種混淆的な繋がりにおいて現れる集合的な出来事を見る視点と捉え直して、社会学的知の枠組のなかで議論を組み立てようと試みている。

この理論的基礎にたって、第Ⅱ部では四つの論考がつづく。第3章阿部論文のテーマは、集合的創造性が発現する現場の条件である。一つの鳥瞰する視線（絶対的判断者あるいは組織化された計画）の不在のなかで、人びとが互いの意図と実践に自分自身の意図と実践を接ぎ木しながら、時間をかけて一つの成果を創造していく。計画性と偶然性の重なり合う領域に集合的創造性の発現をみようとする。そのための格好の題材として検討されるのが、スペイン、カタルーニャの建築家アントニオ・ガウディの作品である。二〇二〇年現在、着工から一三八年が経過してなお建設がつづいているサグラダ・ファミリア（聖家族教会）の建設過程である。ある種の造形文法さえ共有されていれば設計図や設計思想を共有していなくても、時代を経て世代を継いで一つの建物の建設を可能にする。これこそが集合的創造性の可能性を示しているのである。

第4章倉島論文は、武術の練習方法における集合的創造性の表出に着目する。具体的事例として、関西の太極拳推手の交流会における実践に焦点があてられる。交流会には太極拳諸派だけでなく、他の中国武術や格闘技種目などの実践者が集い、相互に交流と腕試しを行う。そこでは個人の技量や能力による行為と、それぞれが依拠する流派としての技法が激しく身体的に交錯する。それは、個的な技（創意）と集合的な型（範型）とのあいだの葛藤である。実践者が自由にその場その場で繰り出す技と、身体に刻まれ定型化された流派の型に由来する動きが一人の行為者の中に併存する。こうした即興的な身体実践において、身体のコミュニケーションを通して知覚される「身体の個性」は、社会的場における身体化とはまったく異なる種類の「上達」を創造する。そこに集合的上達の核心を見出すのである。

第5章坂部論文では、アイヌ民芸品としての木彫り熊が取り上げられる。アイヌの民族文化や習俗の観光化とも結びついて、北海道をイメージする物産となっている木彫り熊の歴史が比較的新しく、典型的な「伝統の発明」の格好の事例であることはよく知られている。それはまた和人入植者と先住民としてのアイヌの両者が北海道開発の進展と相まって展開したコロニアリティのコンテクストのなかに位置づけられる。坂部はこうした歴史的背景をおさえつつも、現実の展開はさらに複雑に入り組んでおり、アイヌが蓄積してきた文化的技法、植民地化される過程で探し求めた生業手段、近代的アート制作と観光商品政策の葛藤と接合といった諸力の交錯のなかで発現した集合的な創造性の産物として木彫り熊を捉えようとする。

第6章の安井論文の主題は、グローバル化時代における食である。食は、人間の文化のなかでもっとも象徴的な要素であり、つねに本源化され、象徴化されることで他者（異文化）と自文化を峻別する差異化のための集合的な装置となる。その一方で、それとは正反対に混淆的あるいは境界越境的で変化に対して寛容な個人主義的な性向を備えている両義的な文化要素である。正統と異端をチェックし集合的アイデンティティの基盤となる食は、ときには容易に無国籍化しコスモポリタン的あるいはハイブリッド的な文化を生み出す存在なのである。この相反する二つの性向が、接合し重複しながらある地域の食文化として形をなす過程について安井は、ブラジルのカンポグランデにおける沖縄移民が創り出した「sobá」に注目しつつそこに創造的集合性の作用をみるのである。

歴史的視点、時間軸を切り口とした第Ⅱ部を受けて、つづく第Ⅲ部の四つの論考は空間軸に焦点をあてて集合的創造性の全体像にせまる。まず第7章の石原論文が焦点をあてるのは、離島の小さな共同体における集団的創造性であり、それを明らかにするための補助線として用いるのが民俗学者宮本常一の視点である。宮本は全国の離島を訪問し歩き回りながらその厳しい生活環境や遅れた生産システムを改善し、より豊かになるためには外部資本を含めた近代的開発論が必要であることを自覚していた。そのためには外部からの知識や技術が必須なのだが、しかしそれは一方で「雑民」の蓄積してきた規範や制度をまるごと否定することに繋がってしまう。それは宮本がもっとも望まない、反抗すべき可能性であった。そこで宮本は、離島の人びとの暮らしを安定させ豊かにすることと、彼らの智慧や価値観の流動性を捉え評価することを両立させ接合させることに尽力する。石原は、このコンヴィヴィアルなポジションのなかに集合的創造性を見出そうというのである。

第8章佐々木論文は、メキシコにおける移動民／難民の経験に着目する。彼らの存在は、トランプ政権によって現代世界のホットイッシューとしてメディアでも喧伝されてきた。この章が関心を寄せるのは、中米諸国からアメリカに向かって大量に移動する彼らが経験する「世界からの拒絶」であり「居場所を確保する生の技法」である。彼らを拒否する国境はメキシコと中米諸国との国境でもなければ、アメリカとメキシコとの国境でもない。彼らを阻む国境は、メキシコ社会に張り巡らされた複合的な対移民構造体であり、それは「縦深国境地帯」と認識される。この「縦深国境地帯」と向き合う中で、移動する彼らは、それを突破してさらに北に向かい、あるいはメキシコ社会に居場所を見出す。こうした経験・決断は、極めて個人的なものでありながら、同時に彼らの集合的な生の戦略でもある。彼らは、国家・警察、犯罪組織、そして様々な支援団体などと制度的状況的に関わる中で、生活世界を築き上げる。そのダイナミックな過程の中に集合的創造性が確認されるのである。

第9章宋論文の議論の元になっているのは、朝鮮学校における長期のフィールドワークである。韓国からの留学生だった著者の宋がそれを実践したこと自体が稀有な経験だが、宋はそこから社会の中で周縁化されてきた民族的マイノリティの抱えるジレンマを経験し、ブレークスルーの兆しを実感した。ある民族的マイノリティをマジョリティが抑圧・差別するとき、マイノリティが集団としての団結と連帯を強化することで、マジョリティからの理不尽な排除・排斥に対抗することは、もっとも一般的な対処法である。しかし、こうした集団としての連帯と一体性の強調は、当然のことながら、その陰でマイノリティ内の差異を消し去り、個人の自由な生き方を抑圧することになる。この「ジレンマ」は朝鮮学校の空間の中にも確認される。しかし、そこでの共同性の圧力と個的自由の関係は異なる方向へも開かれていた。宋は、生徒たちが異なる複数の世界を往来しながらそれぞれの世界で「演劇的実践」をつくりだすことで、個人に内閉するのでも、集団というシステムに拘束されるのでもない場を創出していることに注目し、その過程に集合的な創造性を発見したのである。

第10章で丸山論文は、エイジェンシー概念を、女性野宿者の日常世界における他者との関わりの中で深く考察する。女性野宿者に対しては、彼女たちを均質な集合的カテゴリーとして捉え、その周縁性、差別性に注目する「社会病理学的」議論が主流だった時代がある。それに対して、女性野宿者個々人の主体性を評価しそこから社会の変革と抑圧からの解放の兆しを読み取る主張が脚光を浴びるようになった。しかし本章は、単に構造やシステムに規定される客体として、あるいはそれと正反対に自由で負荷のない主体として捉える従来の見方（主体と客体論）から離脱し、女性野宿者のエイジェンシーに着目すべきと主張する。そこでは個々の女性野宿者の首尾一貫しないゆらぎを取り込んで、支援者に依存したり国家（行政）に抵抗したりというコンテクストとは異なる周囲の人びととのコンヴィヴィアルな関係性が創出（その中で、丸山は支援を受け容れる能力を意味する「受援力」を重視する）される。そしてその中に、集合的創造性の一つのあり様を見るのである。

文献

Boon, J., 1982, *Other Tribes, Other Scribes: Symbolic Anthropology in the Comparative Study of Cultures, Histories, Religions, and Texts*, Cambridge University Press.

Cobbah, Josiah A. M., 1987, "African Values and the Human Rights Debate: An African Perspective", *Human Rights Quarterly* 9(3): 309–331.

アイゼンシュタット、S・N　一九九六『日本 比較文明論的考察』梅津順一他訳、岩波書店。

Illich, Ivan, 1973, *Tools for Conviviality*, Calder & Boyars.

小林秀雄　一九七七『本居宣長』新曜社。

Lavie, S., K. Narayan, and R. Rosaldo (eds.), 1993, *Creativity/Anthropology*, Cornell University Press.
松田素二　二〇〇九『日常人類学宣言！——生活世界の深層へ／から』世界思想社。
——　二〇一三「現代世界における人類学的実践の困難と可能性」『文化人類学』七八(一)、一-二五頁。
丸山真男　一九五八「日本の思想」『岩波講座　現代思想IX　現代日本の思想』岩波書店。
Mbiti, John S., 1969, *African Religions & Philosophy*, Heinemann.
Nyamnjoh, Francis B., 2017, "Incompleteness: Frontier Africa and the Currency of Conviviality", *Journal of Asian and African Studies* 52(3): 253-270.
ニャムンジョ、F　二〇一六「フロンティアとしてのアフリカ、異種結節装置としてのコンヴィヴィアリティ——不完全性の社会理論に向けて」楠和樹・松田素二訳、松田素二・野元（平野）美佐編『紛争をおさめる文化——不完全性とブリコラージュの実践』京都大学学術出版会。
——　二〇一九「アフリカらしさとは何か——ウブントゥという思想」梅屋潔訳、『世界』九月号、岩波書店、一八四-一九六頁。（＝2019, "Ubuntuism and Africa: Actualised, Misappropriated, Endangered and Reappraised", Africa Day Memorial Lecture, University of the Free State.）
Rosaldo, Renato, Smadar Lavie, and Kirin Narayan (eds.), 2018, *Creativity/Anthropology*, Cornell University Press.
Taylor, Charles, 2011, "Understanding the Other: A Gadamerian View on Conceptual Schemes", in Charles Taylor, *Dilemmas and Connections. Selected Essays*, Harvard University Press, pp. 24-38.
鶴見和子　一九八六「日本人と創造性」『関西学院大学社会学部紀要』五三号、一-八頁。
——　一九九八『コレクション鶴見和子曼荼羅４（土の巻）』藤原書店。
チュツオーラ、A　一九九〇『ブッシュ・オブ・ゴースツ』橋本福夫訳、筑摩書房。
——　二〇一二『やし酒飲み』土屋哲訳、岩波書店。

I

集合的創造性の理論的視座

第1章　創造性から集合的創造性へ

松浦雄介

1　創造性とイノベーションの結合

アメリカ・カリフォルニア州サンディエゴにある公立高校「ハイテク・ハイ」は、ユニークな教育実践によって注目されている学校である。この学校には教科別の時間割も決まった教科書も定期試験もなく、授業は教師の裁量に委ねられている。生徒はテーマに沿ったプロジェクトを他の生徒と協力して実行し、その結果を学期末の発表会で保護者などに一般公開する。このプロジェクト型教育は、従来の知識詰め込み型教育と違い、生徒自身が積極的に学ぼうとするゆえに、学びは早くかつ深くなるという。ハイテク・ハイについてのドキュメンタリー映画"Most Likely to Succeed"は、そのような新しい学校教育のあり方を伝えてアメリカや日本の教育界に反響を呼んだ。同作品を製作したT・ディンタースミス監督は、インタヴューに答えて次のように述べている。「人生とは、何かを創造することだ。単純な仕事はどんどん機械に置き換えられていく。知識の暗記や決まりきった手続きを覚えて試験で良い点をとっても機械にはかなわない。今のままの教育では、多くの子どもたちの人生が危険にさらされる」（朝日新聞二〇一八年七月二四日）。

近年、人工知能（ＡＩ）をはじめとする技術の進歩が人類社会に及ぼす影響について多くが語られている。それらの中には、ＡＩが人間の仕事を奪うという脅威論もあれば、ＡＩと人間とはいずれ共存すると説く共生論もあるが、いずれにしても、急速に発展する技術から人間が疎外されることなく、逆に新たな技術を創造し、使いこなす人間を育成するために、創造性を重視する傾向が広く見られる。〈1〉しかし、技術の発展が人間の創造性への関心を高めるという現象は、近年になって初めて生じたものではない。二〇世紀後半以降、技術と経済システムが高度化するなかで、創造性についてたびたび社会の関心が向けられてきた。たとえば、アメリカにおける創造性の科学的研究は、第二次世界大戦中に米軍の要請を受けた心理学者Ｊ・Ｐ・ギルフォードによって本格的に始められたが、〈2〉戦後になってギルフォードは、アメリカ心理学会長就任講演の中で創造性について次のように述べている。

近年は驚くべき新たな思考機械のことをよく耳にします。この機械が人間の思考の多くの部分を引き継ぐようになり、やがて多くの産業のルーティン的思考は人間の脳を用いずになされるようになると言われています。このことは、第一次産業革命の影を薄めるほどの産業革命をもたらすと言われています。第一次産業革命は人間の筋肉を比較的無用なものにしました。第二次産業革命は人間の脳をも比較的無用なものにすると予想されています。この可能性には、創造的思考の重要性にかんする幾つかの含意が含まれます。第一に、十分な雇用と賃金所得をなお生み出す経済秩序を進展させる必要があります。そのためには、創造的思考がこれまでと違うあり方とスピードで求められるでしょう。第二に、やがて脳に残された唯一の経済的価値は、脳に可能な創造的思考にあるとされるでしょう。おそらく人間の脳には、機械を操作し、そしてより良い機械をつくり出すためのニーズが依然としてあるでしょう。（Guilford 1950: 446）

一九四〇年代から「思考機械」について研究を進めていた科学者たちがアメリカのダートマスに集まり、その機械を「人工知能」と呼ぶことを決めたのが一九五六年であり、そこから最初のＡＩブームが起こった。このようなＡＩ研究の発展を念頭に置いてなされたであろうこのギルフォードの言明は、第三次と称される昨今のＡＩブームの中で語られることと、ほとんど同じである。

五〇年代後半には、日本でも創造性への関心が高まった。その背景には、高度経済成長によってイノベーションの必要性が高まり、「マンパワー政策」に見られるように科学者や技術者の積極的養成が目指されたこと、[3]そしてアメリカの創造性研究が紹介され、日本でも研究が盛んになったことがあった（恩田 一九七一：二）。ギルフォードが語ったような、「思考機械」への危機感が語られることもあった。教育学における創造性についての諸議論をまとめたある書物では、次のように語られている。

……技術革新がさらに進み、第一次産業革命当時、人間の精神労働に属するものと見られていた部分までが、コンピュータその他の機械力によって代理されるようになってくると、何が人間でなければやれないことかがあらためて問い直され、新しい、今まで考えられたこともなかった、あるいは、出現することがあったとしても、価値なきものとしてかえりみられることのなかった人間の能力や資質が脚光を浴びるようになるであろうことは、避けられない。創造性の心理や教育の理論が追求され、流行するゆえんであろう。（小口・奥田・藤田編 一九七三：二四）

一九六〇年代から八〇年代にかけて、知識社会や情報社会の到来が議論されるようになると、あらためて経済界で創造性が重視されるようになった。〔4〕九〇年代になると、今度はグローバル化の観点から創造性の意義が論じられるようになる。この時期の経済界の提言では、明治以来の宿願であった欧米諸国へのキャッチアップを達成した日本がグローバルな経済競争を生き抜くことを次の国家目標とするなかで、均質的で協調的な人材の育成から創造的・主体的人材の育成への教育方針の転換が主張されている。〔5〕

もちろん、経済界が創造性を重視する状況はアメリカと日本だけのことではなく、広く世界的に見られる。〔6〕第二次世界大戦から現在に至るまで、技術と経済システムのイノベーション〔7〕が社会の恒常的要請となるにともない、人々の創造性を高め、それを組織的・効率的に活用できるようにするため、創造性開発が目指されてきたのである。今日のＡＩをめぐる議論は、このような歴史的文脈の延長上で捉えられるものである。

創造性はイノベーションや経済成長をもたらしうる。その一方で、それは破壊的影響も及ぼしうる。シュンペーターはイノベーションを創造的破壊と形容したが（Schumpeter 1942＝一九六二）、そもそも創造と破壊はしばしば表裏の関係にある。たとえば技術的失業や不平等の増大、環境破壊や戦争における大量破壊などの問題は、創造的技術の（しばしば意図せざる）結果として生じたものである。創造性には副作用がある（cf. Csikszentmihalyi 1996＝二〇一六：三五八–三六五）。しかしこのようにイノベーションと深く結びつき、破壊的副作用を持つ創造性が、創造性の唯一のかたちというわけではない。二〇世紀後半以降に創造性とイノベーションとが密接に結びつくようになったという事実は、創造性が別のかたちでもありうることを示唆する。本章では、創造性をイノベーションや経済システムと結びつける社会編成について概観し、続いて、そのような創造性と異なる別のかたちの創造性として、本書をつうじて探究される集合的創造性について、若干の概念規定を行う。

2　創造性論の系譜

R・ウィリアムズによれば、一九世紀にロマン主義が台頭し、芸術が人間の自由な精神の表現として高い価値を持つようになると、芸術作品を生み出す行為としての創造、そしてそれを生み出す能力またはその能力の所有者としての天才が、芸術と密接に関連づけられるようになった。そして二〇世紀には、「創造する能力」を意味する“creativity”という語がつくられた（Williams［1976］1983＝二〇一一：一二〇–一三五、二三四–二三五）。このような経緯もあり、創造性は芸術学や文学などの人文諸学と親和性の高い概念であったが、二〇世紀になると精神医学・心理学・教育学などで科学的な創造性研究が行われるようになる。

精神医学のアプローチは、歴史上の卓越した人物の創造性と、その人物のパーソナリティ特性、とりわけ精神病理的な諸特徴とのあいだに内的関連を発見するものである。この種の見解は既にC・ロンブローゾ『天才と狂気』（一八六四）などに見られるが、このアプローチを「病跡学」と命名したのは、ドイツの精神医学者P・J・メビウスである。病跡学は個人史的資料を手がかりとし、科学や芸術、政治などの分野で偉大な業績を残した人物の生涯を辿り、精神の内奥に「創造の秘密」を求める点で、人文諸学における作家研究や思想家研究と親和的であった〈8〉。

卓越した個人を対象とする精神医学と対照的に、心理学は創造性を（程度の差はあれ）万人に備わる性質と捉え、その計量的測定を目指した。アメリカでは先述のギルフォードによる心理学会長就任記念講演が呼び水となって創造性研究が盛んになり、S・メドニックらの遠隔性連想検査（RAT）やE・P・トーランスの創造性思考テスト（TTCT）など、様々な創造性測定法が開発された。ギルフォードの創造性研究のきっかけは第二次大戦中の米軍の要請であったが、五〇年代のアメリカで創造性研究が拡がった背景には冷戦下のソ連との覇権争い（とりわけ宇宙開発をめぐる）があった〈9〉。その後、創造性研究を求める社会の要請は、しだいに軍事的なものから経済的なもの（恒常的なイノベーションによる優位性の確保）へと変わっていく。人々の創造性を開発するという政治経済的要請を背景に、心理学的研究は創造性を一握りの天才の特別な能力ではなく、万人が持つ潜在能力とする認識の転換をもたらした。すなわち、創造性観の民主化に寄与したのである。

心理学のもたらした新たな創造性観は教育界にも波及した。創造性を抑圧する知識詰め込み型学校教育への批判は既に一九世紀から見られるが〈10〉、第二次大戦後の日本に限定するならば、一九六〇年代以降に創造性の育成が盛んに試みられた〈11〉。

天才のような卓越した個人の創造性に注目する精神医学と創造性を万人が持つ普遍的能力と考える心

理学・教育学では大きく前提が異なるが、共通している点が一つある。それは、創造性を個人の能力と見なす点である。個人の内部に創造性の種があり、それが社会という土壌の中で開花したり、しなかったりする――比喩的に言えば、これらの創造性論はこのような前提を大よそ共有しており、それゆえ個人主義的モデルと言える（ただし後述するように、例外もある）。

　創造性論には、これらの研究と深く関連しつつも、それ自体としては異なるもう一つの領域がある。アイデア発想法や創造性開発法の類いである。その先駆けは一九三七年にジェネラル・エレクトリック社が自社の技術者養成のために開発した「創造工学」creative engineering である。今日もっとも有名な創造性開発法と言えるＡ・オズボーンのブレーンストーミングも、ほぼ同じ時期にその原型が提唱され、第二次大戦後にオズボーンがまとめた著作は、マサチューセッツ工科大学などにおいて創造工学の教科書として用いられた。一九五〇年代にはＷ・ゴードンのシネクティクスやＥ・ヴァン・ファンジェの創造工学にかんする書物も刊行された。六〇年代になると日本でもこれらの書物が翻訳されるとともに、市川亀久彌の等価変換理論や川喜田二郎のＫＪ法、中山正和のＮＭ法など日本独自の理論や技法も注目を集めた。オズボーンらが企業人であったことが示唆するように、創造性開発法は、創造性の科学的研究というよりも、仕事や活動において新たなアイデアを生み出し、生産性を向上させるための実用的技法であり、それゆえに企業や様々な組織に受け入れられ、今日に至るまで広く用いられている。[12] 一九七九年には創造にかんする研究と実践の発展を目的として日本創造学会が設立されるなど、制度化も進んだ。

　人文学・人文科学と較べて、社会諸科学の創造性への関心は低かった。近年の創造都市論では、創造性と都市との関連が論じられている。それは創造性・イノベーション・経済発展の結合について都市というスケールで政策的・実証的に研究するものと言える（Landry 2000＝二〇〇三、佐々木［二〇〇一］二〇一二、Florida［2002］2012＝二〇一四）。文化人類学はイノベーションに制約されない創造性を論じてきた数少ない学問分野だが、それについては後述する。次節では、創造性をめぐる社会編成の歴史的変容について、さらに明確化することにつとめよう。

3　創造性の構造転換

一九七一年にN・チョムスキーとM・フーコーが行った対談で、両者は創造性について対照的な認識を示している。チョムスキーにとって創造性とは人間の本性をなすものである。たとえば子どもは、限られた言語表現を学習することにより、同じ表現を反復するのみならず、新たな環境で新たな言語表現を生み出すことができる。それは、有限の言語要素から無限に多様な言語表現の創造を可能にする能力が人間に生得的に備わっているからである。チョムスキーにとって創造性とは、日常的な発話をなしうるかぎりにおいて、人間に普遍的に備わった能力である。それにたいしてフーコーは、新たな言語表現の創造は規則性を前提とし、そしてその規則性は人間の本性に備わっているものではなく、経済的、技術的、政治的、社会学的な諸領域の中で編成されると述べる（Foucault and Chomsky 1974＝二〇〇〇）。

チョムスキーの立場からは、多様な言語表現を可能にする生得的構造の解明を目指すことになる。他方フーコーの立場から見れば、創造行為を規定する構造の歴史的編成過程を明らかにすることが重要となる。両者の違いは、本質主義と構築主義、あるいは普遍主義と歴史的相対主義との認識論的対立の表れとみることができる。対談の後半は政治談議となり、チョムスキーは自らの人間観にもとづく政治的理想――個人の創造性を抑圧するあらゆる社会制度が取り除かれ、創造性を自由に発揮できる社会――について語っているが、このような「人間の内なる創造性と、それを外から抑圧する社会」という認識は、従来の創造性論においてもしばしば見られた[13]。しかしこの認識だけでは、第二次大戦後、創造性が社会によって抑圧されるどころか、むしろその積極的な開発が目指されてきたという歴史的事実を捉えることができない。この点を捉えるうえで、フーコーの視点は重要である。

P・ヴィルノ（Virno 2003＝二〇〇八）および本田（二〇〇五）の議論は、このフーコー的視点を経済システムおよび学校教育に適用したものとして位置づけることができる[14]。そこで、きわめて図式的・要約的になるが、両者の議論をふまえつつ近代から現代にかけて生じた創造性の構造転換を素描してみよう。

フォーディズムを典型とする近代の工業社会において労働者に要求されたのは、工場での反復的・機械的な労働に耐えうるための勤勉さや協調性である。このような社会において、創造性は機械にたいして人間精神の自由を守るための拠り所であり、それを可視化する役割を担ったのが芸術や文化であった。ところがイノベーション、すなわち新たな技術や製品の開発や、生産体制の柔軟な組み換えなどを恒常的に追求するポストフォーディズム型経済システムが台頭すると、勤勉さや協調性よりも新たな知識や価値を生み出す創造性が重視されるようになる。ここにおいて創造性は、経済システムに抗する人間の自由の源泉であるどころか、そのシステムの維持・革新に役立つ資源として積極的に開発・活用されるようになる（Virno 2003＝二〇〇八：一五〇）。

このような経済システムの変化は学校教育にも波及する。近代において学校は、標準化された能力を持つ労働者を大量に育成する装置としてつくられた。その能力の典型は学力であり、生徒は試験という一元的で客観的な基準で学力を測定され、その結果に応じて会社や工場に配置された。ところがポスト近代の時代になると、勤勉さや協調性にかわって創造性や個性、コミュニケーション力などの「ポスト近代型能力」が重視されるようになる。この新たな能力は、形成過程や測定・証明方法などの点で、学力のような近代型能力と異なっている。学力については、それを向上させるためのノウハウがあり、それを用いて誰でも一定程度その力を身につけることができるし、評価方法も明確である。それにたいして創造性やコミュニケーション力は個々人の人格や身体と一体化したものであり、学力のように客観的に測ることが難しい。それゆえそれらの能力が仕事に求められるとき、人々は能力のみならず人格まで評価されることになる（本田 二〇〇五）。

本章第一節で、二〇世紀後半以降、創造性がイノベーションと結びつけて語られてきたことを見た。ヴィルノや本田の議論は、「ポストフォーディズム」や「ポスト近代」という包括的概念を導入することにより、近代から現代にかけて生じた創造性の構造転換を明確に理解するための見取り図を提供してくれる。ただし、この転換が現実にどこまで生じているかについては検討の余地がある。六〇年代以降の創造性への高い関心にもかかわらず、実際の企業や学校のあり方は、創造性開発という点で大きくは変わらなかった可能性もあるからである。[15] 包括的概念をとおして眺めることにより、現代の経済的・技術的・政治的・社会学的な諸領域の中で創造性がイノベーションとの関連で編成される事態を明確に捉えることができる反面、創造性にたいする視点が過度に限定され、創造性が別のかたちで存在する可能性が見えなくなる危険性もある。

イノベーションの手段や経済システムの資源でない創造性を認識することは、それほど難しいことではない。たとえば、地球上に存在する多様な社会や文化は人間のもつ創造性の表れと言える。それらは、一握りの個人ではなく、長い時間の中で多くの人々が関与しながら創り出されてきたものであり、その意味で集合的創造の産物と言うことができる。集合的創造性は、地球上の多様な社会や文化の創造に寄与してきたし、創造性がイノベーションの手段や経済システムの資源とされるようになった現代においても、けっして消滅したわけではない。

4　集合的創造性

集団と創造性

異なる知識や技術、経験などを持った人間の相互行為をつうじて、個々人が持つ能力の単純な総和以上の相乗効果が得られるということは、日常生活の中で広く経験される。「三人寄れば文殊の知恵」という諺は、そのような集団的創造性 group creativity の基本形態を表している。創造性は個人の内部にのみあるものではなく、集団レベルで発揮されることもある。今日、研究機関や企業においてチーム単位での活動は日常的に行われているが、そのような活動の古典的な例は「発明王」T・エジソンとそのチームである。かつてエジソンの発明とされてきたものの多く（蓄音機やフィラメントなど）は、実際には彼が組織した研究所での集団的な研究開発の産物であった。それゆえ、エジソンの最大の発明はこの研究所であると評されることもある（恩田・野村 一九六四：三〇-三四、Hill et al 2014＝二〇一五：二七）。

六〇年代に盛んになった創造性研究のなかでも集団的創造性について時おり論じられていた（穐山 一九七〇、恩田 一九七一）。その延長上で、今日の社会心理学や認知科学は、集団的創造性の成立条件について研究を行っている。そもそも、複数の人間が相互行為をすれば、かならず個人の創造性の総和を上回る効果が生じるとは限らない。「船頭多くして船山に登る」という諺もあるように、多様な要素どうしが相互に干渉・妨害しあう結果、相乗効果を生むどころか、逆に諸要素の総和以下の効果しか得られない場合もある。それゆえそれらの研究は、集団的創造性を促進または阻害する要因について研究を積み重ねている（岡田・田村・戸田山・三輪編 一九九九、三浦・飛田 二〇〇二）。

これらの研究で想定されている集団とは、たいていの場合、科学者の共同研究チームや企業のプロジェクトチーム、あるいは心理学実験のために集められた集団など、何らかの目的のために意図的に組織された、比較的小規模なチームや集団である。そこでは、メンバー間の相互行為による目的の達成が想定されている。しかし、集合的次元における創造性は、より広い文脈においても存在する。たとえば、ある社会で過去から継承されてきた文化も人間の創造性の産物と言えるが、それらの中には特定の作者がいるわけでもなく、集合的創造性の産物と見なすのが相応しいものも少なくない。たとえば神話について、レヴィ＝ストロースは次のように述べている。「神話は口頭で継承され、その伝承は集合的なのだから、神話にふくまれる蓋然論的な位層はたえず腐食していくだろう」（Lévi-Strauss 1971＝二〇一〇：七八四）。神話について、誰が・どこで・どのように創作したか、といったことは問題にならない。それは作者を特定できないからでもあるが、それ以上に神話において重要なのは、それが伝承され続けているという事実だからである。神話が伝承されるのは、それが制度や権力といった外部要因に（少なくともそれらのみに）依存するのでないとすれば、人間精神に根ざしているからである。それゆえレヴィ＝ストロースが行ったのは、人間精神の本質、すなわち多様な神話のヴァリアントを生み出す普遍的構造を明らかにすることであった。

文化のみならず社会もまた集合的創造性の産物と言える。このことをレヴィ＝ストロースよりも先に述べたのは——両者の理論的相違を意識しつつあえて述べるならば——、『宗教生活の基本形態』におけるデュルケムである。同書においてデュルケムが主張したのは、社会は自らが創り出した宗教（より正確に言えばそれが具現化する集合表象）をつうじて自己自身を（再）創造するということである（Durkheim 1912＝二〇一四）。

これまで地球上に多様な社会や文化が存在してきたという事実——今日のグローバル化がその多様性を大きく損ないつつあるとはいえ——は、個人や小集団を超えた次元で集合的創造性 collective creativity が存在することを示す端的な証拠である。広い社会的・文化的文脈のなかで、人々が直接的または間接的に、あるいは意図的または無意図的に相互行為を行なうことをつうじて新たな文化や社会が創り出され、世代を超えて変化しつつ継承されたり、新たな環境で再創造されたりする。従来、そのような創造性を探究してきたのは文化人類学である。序章で言及されるF・ニャムンジョは、西洋によるアフリカの植民地支配の痕跡を「赤ん坊」の比喩で表現したが、かつて岩田慶治もまた、異なる文化の遭遇から生まれる新たな創造の地平について、同じ比喩を用いて論じた（岩田 一九八二：四六）。組織や実験室における小集団の創造性を意味する集団的創造性と異なり、集合的創造性はより広い社会的・

文化的文脈のなかで人々の相互行為をつうじて現れる創造性を意味する。それはイノベーションよりも（ニャムンジョの言う意味での）コンヴィヴィアリティに、経済発展よりも社会と文化の創造に結びつく。

創発と不完全性

集合的創造性の特徴の一つに創発がある。創発は、諸要素が集合して全体が生成するとき、新たな特性が生まれることで諸要素の単純な総和以上のものとなること、それゆえ全体を諸要素に還元できないことを意味する。集合意識が個人意識の総和ではなく、その一種独特 *sui generis* の総合であると述べるとき、デュルケムはまさしく社会の創発について述べている（Durkheim 1912＝二〇一四：四〇〇）。

今日、創発は複雑系科学における基本概念の一つとして、自然現象から生命体、さらには社会組織に至るまで、様々な現象を説明するために用いられている。個体を超えた集合的次元に現れる一種の知性的働きが「集合知」や「群知能」などの言葉で表現され、研究されている。中でも生物学の群知能研究は、集合的創造性を理解するうえで示唆的である。それによれば、鳥や魚、昆虫などの群れにおいて、全ての個体の動きを統御するリーダー的個体やルールは存在しない。各個体は全体の動きをふまえて行動するわけではなく、局所的次元において他の個体と相互行為を行うだけである。にもかかわらず、相互行為が反復されることにより、大局的次元において複雑なシステムが組織化される。たとえばムクドリが群れをなして空を飛ぶとき、各個体は群れの動きをふまえて飛んでいるわけではなく、周囲の個体との関係に関する簡単なルール（近づきすぎない、離れすぎない、進む方向を揃える）に従っているだけである。各個体がこの相互行為ルールを順守するだけで、群れが現れる（Fisher 2009＝二〇一二）。

ここから導き出すことのできる重要な社会学的含意の一つは、全ての個人が共有する集合意識や、全体を見渡し諸個人の動きを制御する中心的頭脳を想定しなくても、部分間の相互行為の累積により集合体が自己組織的に成立しうるということである。この知見をもとに、複雑系の科学は人間界にも同様の事例を見出そうとする。しかしその例として挙げられるのは、比較的単純な集合行動や群衆行動がほとんどである。人間界における創発はムクドリの群れよりもはるかに複雑であり、群知能の観点だけで説明するのは難しい。そしてこの違いは、人間がムクドリよりも不完全な存在であることに起因している。

先述のヴィルノは、G・ヘルダーやA・ゲーレン、M・ハイデガーらによって展開されてきた「謙譲の伝統」（と彼が呼ぶもの）について論じている（Virno 2003＝二〇〇八）。ネオテニー（幼形成熟）を特徴とする人間は不完全な本能を抱えて生まれる弱い存在である。動物の本能が自足的かつ自律的であり、外界にたいする対処の仕方についてあらかじめ定まったレパートリーを持つのにたいし、人間の不完全な本能は、外界にたいして取るべき行動を人間に明確に指示しない。そのため外界と人間とのあいだには、常に欠如や不足がある。しかし人間は、この欠如や不足にたいして多様で柔軟な仕方で対処する能力を持つ。あらかじめ定まった対処の仕方を持たないという意味で、それは潜在的で不確定な能力である。言うまでもなく、この能力こそが創造性である。それは潜在的で不確定であるからこそ、外界にたいして定まった対処を反復するのではなく、新しい対処を生み出しうる。そして新しく生み出されたものが一般化し、累積することによって現れる秩序は、ムクドリの群れとは比べようもない複雑さを持つに至る。

創造性は潜在的で不確定な能力である。そしてそれゆえにこそ、柔軟な変化を求め続けるポストフォーディズムはそれを便利な資源として利用する、というのがヴィルノの議論の眼目である。先述のとおり、二〇世紀後半における創造性の研究開発の歴史を振り返るならば、大筋におけるこの議論の真実性は否定すべくもない。ただし、この議論が一種の決定論として、それ以外の創造性のかたちがありえないかのように語られるとすれば、それは現実を過度に単純化することになりかねない。集合的創造性は社会や文化の創造に寄与するものだが、それと経済システムとの関係は一義的に定まっているわけではない。協調的または共生的関係の場合もあれば、逆に競合的または敵対的関係の場合もあるし、ほとんど無関係という場合もあるかもしれない。集合的創造性と経済システムとのあいだには多様な関係がありうる。集合的創造性すなわち人々の相互行為をつうじて現れる創発がもたらす効果は、人々をとりまく環境次第で変わりうるため、当の人々自身も予期しえない場合がある。それゆえそれは常に経済システムの意図や思惑どおりに利用されるとは限らないのである。

5　創造性概念を再創造する

第二次世界大戦中に軍事的要請により科学的に研究されるようになった創造性は、戦後には経済発展のためにイノベーションが要請されるようになるにつれ、その手段や資源と見なされるようになり、本格的に研究・開発されるようになった。今日のＡＩをはじめとする技術の発展が引き起こした人間と機械との競争をめぐる一連の議論は、このような歴史的経緯の延長上で捉えられるべきものである。しかし、このような創造性のあり方が歴史的に形成されたものであるということは、創造性は別のかたちでもありうることを意味する。今日のようにイノベーションを恒常的に求める経済システムが全面的に拡大する以前の時代においてや、あるいは今日においてさえ、社会や文化の諸領域を仔細に見れば、多様な人々の相互行為をつうじて現れ、そして社会や文化の（再）創造に結びつく集合的創造性を見出すことができる。そのような作業は、創造性をイノベーションと経済発展のみに結びつける認識の隘路を脱する一つの契機になると思われる。

注

〈1〉ハイテク・ハイが、半導体の大手企業クアルコムの創業者一族の出資によって設立されたことは、その一例と言える。

〈2〉当時アメリカ空軍は、ギアや機器の予期せぬ故障などの緊急時に、適切な行動を取って自らと機体とを救うことができるパイロットを選抜できるようにするために、ギルフォードに創造性テストの開発を委託した（Csikszentmihalyi 1996＝二〇一六：一〇五）。

〈3〉政府の閣議決定「新長期経済計画」（一九五七年）や経済審議会の答申「経済発展における人的能力開発の課題と対策」（一九六三年）などでイノベーション推進のために人材の効率的な育成と活用がうたわれ、とくに後者では学校や企業における能力主義の徹底が主張された。この答申をもとに実施されたのがマンパワー政策である（水本 一九八六、乾 一九八九）。

〈4〉一九八〇年に産業構造審議会から通産省（当時）に提出された答申『80年代の通商産業政策のあり方――創造的知識集約化』では、七〇年代から進められてきた知識集約化をさらに推進するうえで必要となる仕事上の資質として、最初に「自ら新しい価値を創り出していく創造性」が挙げられている。

〈5〉例として経済団体連合会「創造的な人材の育成に向けて――求められる教育改革と企業の行動」（一九九六）、経済同友会「創造的科学技術開発を担う人材育成への提言――「教える教育」から「学ぶ教育」への転換」（一九九九）、日本経済調査協議会調査報告書『理工系大学教育の抜本的充実に向けて――創造的人材育成強化のために』（一九九五）などがある。

〈6〉世界経済フォーラムの二〇一六年度報告書『仕事の未来』では「必要なスキル」トップ一〇が示されており、そのうち「創造性」の順位は一〇位であり、二〇二〇年には三位に上昇すると予想されている。

〈7〉「イノベーション」の語は日本では長らく「技術革新」と訳されてきたが、この用語の実質的提唱者であるシュンペーターの用法では、技術に限らず市場や生産組織など、経済活動の諸側面における革新を意味する。それをふまえて近年では「イノベーション」とカタカナ表記されることが多いため、本章もそれに従う。

〈8〉病跡学の古典的研究としては、S・フロイトの「レオナルド・ダ・ヴィンチの幼年期の想い出」（一九一〇）が知られている。

〈9〉一九五七年のソ連によるスプートニク打ち上げに衝撃を受けたアメリカは、翌年、創造的人間の養成を狙いとして国家防衛教育法（National Defense Education Act）を制定し、理工系教育の重視など様々な教育改革を打ち出した（石井 一九六八：六七-六八、乾 一九八九：一七-一九）。

〈10〉その一例として、一九世紀末から二〇世紀初頭にかけて欧米諸国や日本で展開された新教育運動がある。新教育運動は、知識詰め込み型教育の弊害を脱し、生徒の自発性や個性を伸ばす教育を目指した。アメリカにおけるこの運動を代表する哲学者のJ・デューイは、社会の変化にともなって生じた新たな問題を解決し、生活を改善するための道具となる知性を創造的知性（または実験的知性）と呼んだ。この運動は日本の教育界にも影響を与え、大正デモクラシー期に大正自由教育運動として開花した。

〈11〉一九六八年に学習指導要領で「創造性の涵養」がうたわれて以来、学習指導要領や教育課程審議会答申などでたびたび創造性の育成が主張された。また、このような流れと呼応するかたちで、全国の国立大学附属小・中学校を中心に創造性教育が行われるようになった（弓野編 二〇〇五：二-六）。

〈12〉オズボーンは広告会社ＢＢＤＯの副社長、ゴードンはコンサルティング会社アーサー・Ｄ・リトルの社員だった。また、ヴァン・ファンジェの『創造性の開発』はジェネラル・エレクトリック社の創造工学の教科書として用いられた（小口・奥田・藤田編 一九七三：七八、一六八-一六九、一八九）。

〈13〉たとえば科学史家の伊東俊太郎による次の指摘は、その一例である。「……いかに創造活動を方法的かつ主体的に推し進めるといっても、社会がそれをうけ入れず、創造的な人間を疎外するような環境では、創造性はおしつぶされてしまうであろう。したがって今後は創造の方法論や認識論のみならず〝創造の社会学〟（Sociology of creativity）も重要な研究分野として開拓されねばならない」（伊東 一九八三：八三）。

〈14〉同書でヴィルノはチョムスキーとフーコーの対談を取り上げ、両者がそれぞれ代表する本質主義と構築主義の理論的調停を試みている。

〈15〉創造性を求める経済界の声にもかかわらず、企業の採用現場では必ずしも創造的人材が好まれたわけではない。『日経ビジネス』一九八三年二月二一日号に掲載された上場企業関係者へのアンケート調査結果によれば、採用方針に関する質問で「成績良いが協調性に難点」があっても採用すると答えたのは二％、「発想型破りだが協調性に難点」は四％である。他方、「成績悪いがバイタリティある」は五九％である。ここからは「タテマエ〝創造力〟ホンネ〝協調性〟」という企業の採用基準が窺える（高橋 一九八三：一一二-一一三）。

文献

穐山貞登 一九七〇『創造と集団――新しい人間活動の啓発』日本経営出版会。

Csikszentmihalyi, M., 1996, *Creativity: Flow and the Psychology of Discovery and Invention*, Harper Collins.（＝二〇一六『クリエイティヴィティ――フロー体験と創造性の心理学』浅川希洋志監訳、須藤祐二・石村郁夫訳、世界思想社）
Durkheim, E., 1912, *Les Formes élémentaires de la Vie religieuse: Le Système totémique en Australie*, Presses universitaires de France.（＝二〇一四『宗教生活の基本形態――オーストラリアにおけるトーテム体系』上・下、山崎亮訳、筑摩書房）
Fisher, L., 2009, *The Perfect Swarm: The Science of Complexity in Everyday Life*, Basic Books.（＝二〇一二『群れはなぜ同じ方向を目指すのか？――群知能と意思決定の科学』松浦俊輔訳、白揚社）
Florida, R.,［2002］2012, *The Rise of the Creative Class: And How It's Transforming Work, Leisure, Community and Everyday Life, Revisited*, Basic Books.（＝二〇一四『新クリエイティブ資本論――才能が経済と都市の主役となる』井口典夫訳、ダイヤモンド社）
Foucault, M. & N. Chomsky, 1974, "Human Nature: Justice versus Power", in F. Elders (éd), *Reflexive Water: The Basic Concern of Mankind*, Souvenir Press, pp. 135-197.（＝二〇〇〇「人間的本性について――正義対権力」『ミシェル・フーコー思考集成V　権力／処罰』蓮實重彦・渡辺守章監修、筑摩書房）
Guilford, J. P., 1950, "Creativity", *American Psychologist* 5(9): 444-454.
Hill, L, A., G. Brandeau, E. Truelove, & K. Lineback, 2014, *Collective Genius: The Art and Practice of Leading Innovation*, Harvard Business Review Press.（＝二〇一五『ハーバード流　逆転のリーダーシップ』黒輪篤嗣訳、日本経済新聞出版社）
本田由紀　二〇〇五『多元化する「能力」と日本社会――ハイパー・メリトクラシー化のなかで』ＮＴＴ出版。
乾侑　一九八九「日米における科学技術の Manpower Policy」『研究 技術 計画』四(一)、一六-三一頁。

石井完一郎　一九六八「米国における創造的人間の研究についての展望(1)」『創造』一、六五-八六頁。
岩田慶治　一九八二『創造人類学入門——《知》の折返し地点』小学館。
伊東俊太郎　一九八三「科学における創造性」『創造性研究Ⅰ　創造の理論と方法』共立出版。
Landry, C., 2000, *The Creative City: A Toolkit for Urban Innovators*, Stylus Pub.（＝二〇〇三『創造的都市——都市再生のための道具箱』後藤和子監訳、日本評論社）
Lévi-Strauss, C., 1971, *Mythologiques: L'Homme nu*, Plon.（＝二〇一〇『神話論理Ⅳ-2　裸の人2』吉田禎吾他訳、みすず書房）
Maslow, A. H., 1954, *Motivation and Personality*, Harper & Row.（＝一九七一『人間性の心理学』小口忠彦監訳、産業能率短期大学出版部）
水本徳明　一九八六「日本のマンパワー政策における公教育の現代的特質に関する考察——マンパワー政策論の検討を通じて」『学校経営研究』一一、五六—七一頁。
三浦麻子・飛田操　二〇〇二「集団が創造的であるためには——集団創造性に対する成員のアイディアの多様性と類似性の影響」『実験社会心理学研究』四一（二）、一二四-一三六頁。
日本創造学会編　一九八三『創造性研究Ⅰ　創造の理論と方法』共立出版。
小口忠彦・奥田真丈・藤田幸寿編　一九七三『続学校教育全書③　創造性教育』全教図。
岡田猛・田村均・戸田山和久・三輪和久編　一九九九『科学を考える——人工知能からカルチュラル・スタディーズまで14の視点』北大路書房。
恩田彰　一九七一『創造性の研究』恒星社厚生閣。
恩田彰・野村健司　一九六四『創造性の開発——あなたのかくれた能力を引き出す法』講談社。
佐々木雅幸［二〇〇一］二〇一二『創造都市への挑戦——産業と文化の息づく街へ』岩波書店。

Schumpeter, J., 1942, *Capitalism, Socialism and Democracy*, Harper & Brothers.（＝一九六二『資本主義・社会主義・民主主義』中山伊知郎・東畑精一訳、東洋経済新報社）

高橋誠　一九八三「企業の創造性開発」『創造性研究Ｉ　創造の理論と方法』共立出版。

Virno, P., 2003, *Scienze Sociali e "Nature Umana", Facoltà di linguaggio, invariante biologico, rapporti di produzione*, Rubbettino.（＝二〇〇八『ポストフォーディズムの資本主義――社会科学と「ヒューマン・ネイチャー」』柱本元彦訳、人文書院）

Williams, R.,［1976］1983, *Keywords: A Vocabulary of Culture and Society, Revised Version*, Harper Collins.（＝二〇一一『［完訳］キーワード辞典』椎名美智他訳、平凡社）

弓野憲一編　二〇〇五『世界の創造性教育』ナカニシヤ出版。

第2章　集合体の社会学と創造性——自然と文化とその《外部》

野村明宏

1　《外部》としての創造性

社会学に創造性の居場所はあるか

人間を社会的に規定された存在と捉えてきた社会学にとって、創造性をその理論枠組みの中にすっきりと位置づけるのは、なかなか難しい問題である。自由な個人の主体的行為であっても、それを社会と個人の相互作用のなかで理解する場合、創造性そのものはどこかに霧散してしまう。

偉大な作家や卓越した芸術家の作品を社会学が研究対象に選んだとしても、その独創性や創造性を直接理解するよりは、アーティスト本人の生育環境や人間関係、作品のおかれた時代背景や文化状況などの社会的な要因に焦点を絞り、あるいは経済的な下部構造や科学技術などの物質的な条件などに目を向けるのが定石だったといえよう〈1〉。構造主義的なテクスト分析では、作品のプロットに備わる構造と同時代の他作品の間に共通する特徴を探り出し、芸術の作品世界に通底する集合的な無意識、あるいはイデオロギー等を抽出することに長けてきたともいえるだろう。一見、独創的にみえる芸術作品の内容やその評価が、実際にはいかに社会的に構築されているか、あるいはいかに社会を反映しているか、どれほど時代の制約を受けてきたかを論じることは社会学の強みであり、それまで自明視してきた「ものの見方」を揺さぶる手際こそは、社会学の学問的魅力を支えるものだった。

しかし、このような社会還元論で創造性を論じるのでは、創造性を正面から論じたことにならないという見解が出てきてもおかしくはない。岩田慶治は、そうした立場にたって創造性について考えようとした人類学者である。あるシンポジウムのなかで岩田は、文化に還元されることを拒むようなある種の創造性について、軽妙な譬えを交えながら、次のように語っている。

お釈迦さんが誕生したということ、つまり菩提樹の下で明星を見てお釈迦さんがお釈迦さんになったということは、それを文化のなかの出来事とするとぐあいが悪いわけですよ。つまり日本文化とか、ヨーロッパ文化とか、人類文化とか、サル文化とか、木文化とか、そういう限定性の文化のなかにお釈迦さんが生まれたのでは、お釈迦さんの功徳というものはその文化の文脈のなかに限定されてしまう。だからお釈迦さんは大海のなかからポッカリと浮かばないといかんわけです。島のなかに生まれたのでは、これはお釈迦さんではなくて、賢人になってしまう。(岩田 一九八二：一一六)

このシンポジウムには、梅原猛(哲学)、河合雅雄(霊長類学)、作田啓一(社会学)など、隣接分野の錚々たる顔ぶれが登壇していたが、かれらの多くは、岩田のいう「お釈迦さんの功徳」に象徴されるような出来事の創造性もまた、文化や伝統を土台にしなければ生まれないという、オーソドックスな社会学的立場をとっていた。「どんな天才でもやはり過去のある一つの伝統の中でそれを下敷きにして飛躍するわけで、たぶんニュートンみたいな人が三千年前に生まれていたら、ニュートン力学はけっして思いついていない」(河合)、「文化の枠組みを超えるときに新しい発見がある。しかしその発見が可能であるためには、文化の枠組みがまず先になければならないというのも自明」(作田)だと述べ、創造性が「大海のなかからポッカリと」浮かび上がる岩田のイメージからの修正を図ろうとするのだ。

しかし、数多の異質なものを呑み込み混ぜ合わせる「大海」というメタファーは、創造性が社会や文化の《外部》からやってくるという特異性をうまく表してもいる。創造とは、今までになかったもの、思いもよらなかったものを創ることであり、なかったものを創るとは自分の知らない向こう側からやってくることを待つしかないのだとすれば(郡司 二〇一九:二二)、社会学が創造性を扱うことに不得手だったのは、創造性が向こう側からの、すなわち《外部》からのなにかを指していたからだ。

この《外部》からの創造性を抜きにしては、宗教はもとより、文化も社会もうまく存在できなかったのも確かなことではないだろうか。創造とは、社会の《外部》からやってくるなにかを受け入れることだとすれば、社会はいわば非文化的、非社会的、非人間的なものともつながり、構成されているということになる。

そこで、本章では「集合的創造性」という概念を通して、創造性を社会集団の内部で「創発」[2]するものとは区別し、《外部》とのつながりにおいて現れる集合的な出来事として考察を進めたい。ここから導かれる理論枠組みに創造性を位置づけることができれば、われわれの生や世界の姿は、これまでとは異なる相貌をみせているはずだ。

相関主義の《外部》

哲学思想の領域では近年、実在論的アプローチが旺盛な議論を展開しており、《外部》はその際の重要なキイワードのひとつとなっている。二〇〇〇年代以降、カンタン・メイヤスーの思弁的実在論やマルクス・ガブリエルの新実在論、グレアム・ハーマンのオブジェクト指向実在論（Object Oriented Ontology）などが、ポストモダン思想からの乗り越えを試みてきた。かれらの議論は多様な論点を含み、相違も少なくないが、認識論から実在論への転回という思考のベクトルを共有している。ここではとくに、思弁的実在論の主唱者のひとりであるフランスの哲学者メイヤスーに絞って議論しておこう。本章が関心を向ける《外部》について、メイヤスーは自らの実在論の根幹に位置づける概念として明快に論じているからである。

メイヤスーは、カントの批判哲学やフッサールの現象学、ポストモダン思想の認識論の系譜を「相関主義」とひとくくりにまとめて、これらの認識論を批判している。

私たちが「相関」という語で呼ぶ観念に従えば、私たちは思考と存在の相関のみにアクセスできるのであり、一方の項のみへのアクセスはできない。したがって今後、そのように理解された相関の乗り越え不可能な性格を認めるという思考のあらゆる傾向を、相関主義［*corrélationisme*］と呼ぶことにしよう。（……）相関主義とは、主観性と客観性の領域をそれぞれ独立したものとして考える主張を無

> 効にするものである。私たちは主体との関係から分離された対象「それ自体」を把握することは決してできないと言うのみならず、主体はつねにすでに対象との関係に置かれているのであって、そうでない主体を把握することは決してできないということも主張する。（メイヤスー 2012＝二〇一六：一五-一六）（強調は原文）

メイヤスーの相関主義批判によれば、カント以来の哲学的伝統は、主観である「わたし」と相関をもって現象化している世界（現象学でいうノエシス―ノエマの志向的相関関係があることで認識できる世界）だけに哲学の問題を限定してしまっている。思考と存在の相関性を主張する相関主義をメイヤスーが批判するのは、たとえ相関があろうとなかろうと、それ自体として存在している《外部》の実在を、相関主義は哲学の対象から外してしまったからである。

> 実際、批判哲学以前の思想家にとっての《大いなる外部》、絶対的な《外部》を失ってしまい、もはや取り返しがつかないという秘かな印象を現代人がもっているということもありうるかもしれない。この《外部》は、私たちに関係しないものであり、私たちへの与えられに関係なくみずからを与えてそれがそうであるようにあり、私たちがそれを思考しようとしなかろうとそれ自体として存在していたのである。（メイヤスー 2012＝二〇一六：一九）（強調は原文）

相関主義の枠組みでは、カントのいう物自体がそうであるように、われわれは事物それ自体に決してアクセスできない。われわれと相関をもったものだけを把握する一人称的世界を扱っているため、メイヤスーのいう人間の祖先以前の世界、あるいは人類滅亡後の世界の存在は把握不可能というわけだ。たとえできるとしても、それはあくまでも「人間」の尺度を通しているに過ぎず、《大いなる外部》の実在を締め出していることに変わりはない。

メイヤスーは、充足理由律（あらゆる事物や出来事は、それがそのように存在するための必然的な理由をもつ）の無効性を示すことで、偶然性が必然的にあるということを論証する。〈3〉世界は理由なく存在するのであり、そして理由なく変化したとしてもなんら不思議ではないというわけだ。世界が無根拠な原理を出発点にして構成されているに過ぎないということは、この世界とは無関係な《外部》の実在が明らかにされたということでもあった。メイヤスーは、偶然性を絶対化することで、主観／客観の相関の鎖を解き放ち、それによって認識論がこれまで棚上げにしてきた《外部》の実在をふたたび哲学の対象に取り戻そうとしたのだった。

集合体としての社会

社会学のこれまでの理論枠組みもまた、相関主義を基本的な前提にして、社会と人間を捉えてきたといえるのではないだろうか。個人と社会が相関し、部分と全体が再帰的に循環している社会モデルが社会学の根底にある考え方だったからだ。マヌエル・デランダがいうように、ピエール・ブルデューにしてもアンソニー・ギデンズにしても、かれらの想定する「社会」は、主体と構造が行為を媒介にして再帰的に循環し合うような弁証法的メカニズムによって示される「隙間のない全体」seamless whole となっている（DeLanda 2006: 10＝二〇一五：二〇）。《外部》の実在が立ち入る余地のない社会が、概念化されてきたのである。

したがって、《外部》とのつながりから創造性を考える場合には、相関主義的な思考からの離脱が社会学に求められることになるだろう。社会と個人の《外部》の実在も含めて社会について考えるとき、社会学が研究対象としてきたそれまでの「社会的なもの」とは異なる様態を見いだすことになる。この取り組みは、「社会」という概念を人間と非人間を含む「集合体」として組み直すというラディカルな試みでもある。

デランダや次節で論じるブルーノ（ブリュノ）・ラトゥールの一連の取り組みは、そうした問題意識を共有している。アクターネットワーク理論（ANT）の主唱者のひとりであるラトゥールは、ANTを「連関《アソシエーション》の社会学」（あるいは「連関学」）として、従来の社会学的枠組みの再考を図ってきたのであり（ラトゥール 2005＝二〇一九：二一）、デランダが提起する「集合体の理論」assemblage theory も同様のモティーフをもっている。デランダの場合、かれの用いる集合体 assemblage という用語をドゥルーズ哲学のキイワードのひとつ agencement[4] の訳語から引いていることからもわかるように、ジル・ドゥルーズからの影響が色濃い。

ドゥルーズ自身の agencement についての説明は簡潔であり、「隙間のない全体」としての社会とは異なるイメージをわれわれに提示している。

ひとつの集合体（agencement）とは何か。それは多くの異質的な項を含むひとつの多様体であり、年齢、性別、界を貫いて——様々な本性を貫いてそれらの項の間の諸々の結びつき、諸々の関係を成立させるひとつの多様体である。またこの集合体の唯一の単位は共-機能作用に属している。つまり、それはひとつの共生、ひとつの「共感」なのだ。重要なのは親子関係では決してなく、同盟関係と合金関係である。(Deleuze et Parnet 1977：84＝二〇一一：一一九)

assemblageが「寄せ集め」という語義を含むように、ドゥルーズやデランダのいう集合体とは、同類や同種同士のような集団の内在的結びつき(相関)ではなく、異なる類や種、事物を横断する外在的な関係を特徴とする。「連関」という用語もまた、ここではこうした外在的な関係を指しているとひとまず理解しておこう。集合体の構成部分はそれぞれ、その集合体から分離して異なる集合体へ接続すれば、新たに異なる相互作用をはじめる多様体である。あるいは、分離していなくともほかの集合体との連関においては、その項は異なる性質や形態を現働化しながら、別の相互作用のネットワークが立ち現れることもある。全体を構成する部分になることは、その部分の唯一の特性ではない。つまり、集合体もその構成要素も、互いにある程度自立した多様体であることになる(DeLanda 2006＝二〇一五)。

一匹の動物が規定されるのは、その類やその種、その器官とその機能によってよりも、その動物が入り込む諸々の集合体によってである。人間・動物・手工製品というタイプの集合体を例として取り挙げよう。《人》-《馬》-《鐙》がそれだ。(……)鐙は騎兵に側面の安定性を与えることで、新しい戦争単位を可能にした。(……)これは人間と動物の新しい共生、新しい戦争の集合体である。(……)人間と動物は新しい関係に入り、一方は他方と同じように変わり、戦場は新しいタイプの情動で満たされる。（Deleuze et Parnet 1977: 84＝二〇一一：一一九）

ドゥルーズからすれば、軍馬と農耕馬の違いは、農耕馬と農耕牛の違いよりも大きいといえるだろう。その差異（つまり、差異の差異）は、牛と馬という種別の比較ではなく、《人-馬-鐙》の連関、《人-馬-犂》の連関、《人-牛-犂》の連関のように、集合体を単位とした共-機能作用の比較を通して現れる。集合体を構成する要素は多様体であり、集合体をつくるネットワークに応じて変容し存在するからである。農耕馬から軍馬への生成変化が「新しい戦争の集合体」とともに起こるとすれば、種の進化ではなく、異種混淆によって生じているのである。

集合体の理論が示したのは、主観と客観の相関や個人と社会の再帰的循環ではなく、多様体である要素同士が《外部》との連関のなかで動的に編成され直されうることだった。連関の社会学や集合体の理論は、非人間を含んだ物質的な連関に照準を合わせた議論となっており、カントの批判哲学からポストモダニズムに至る認識論の系譜を脱し、存在論への転回を導いたのである。

2　争点としての自然

自然をもたない文化

社会／文化人類学においては、ポストモダン人類学の認識論からの超克を目指す存在論的転回

Ontological turn と呼ばれる議論が、自然と文化（あるいは自然と社会）の二分法に関する根底的な見直しを行ってきた。本節では、その足掛かりとして多文化主義への批判的検討から議論を始めていきたい。

現代社会において、文化の多様性を認め差異を尊重する多文化主義は、広く目指されるべき価値となっているが、その文化概念は認識論がベースになっている。すなわち、多文化主義は次のような見解を含んでいる。①民族や社会集団は、それぞれ固有の文化によって世界を多様に認識し意味づけている。②それぞれの文化にとってのリアリティはあくまで各々の認識枠組みを通したものであり、普遍的でも絶対的でもない。③文化的な価値は相対的であり、文化は一種の虚構《フィクション》である。

しかし多文化主義の裏側には、見落としがちな思考が隠されている。すなわち、文化はたしかに虚構であっても、自然そのものは客観的な法則に貫かれたひとつの実在であり、人間の活動とは無関係に存在していることを自明とする思考である。自然科学の扱う自然には、水や空気がどこでも変わらぬように、文化間の差異や多様性には左右されることのない普遍的な法則が備わっているとみなされてきたのだった。実在としての単一の自然と虚構としての複数の文化という自然-文化の二分法が暗黙の前提に据えられているのである。

しかし、この二分法に対する異議はこれまで多文化主義を標榜してきた人類学の側からも出されていたことを押さえておこう。人類学者のマリリン・ストラザーンは、人類に普遍的にあると思われがちな「自然」概念そのものをもたない民族文化に関する調査を通して、自然-文化の二項図式自体が、西洋近代の文化的特殊性に由来していることを論じ、その特徴を次のように指摘する。

西欧的な自然-文化という構築物は、どちらか一方の領域が自由に他方に統御されたりないし植民地下におかれるという観念のまわりをめぐっている。ある領域の他の領域への合体という観念は、野生的なものは飼育されたものに変形され、また飼育されたものは内部に飼育以前の本性〔自然〕をもった未開的諸要素を内包しているということを暗示している。（ストラザーン 一九八七：二二二）

ストラザーンの指摘で興味深いのは、自然-文化の二分法が西洋に特有の枠組みだということに加えて、この二項図式はダイナミックな転換の可能性を包含し、支配や統御の対象として自然をみなしてきたという点である。一方で、ストラザーンの調査地パプアニューギニア高地のハーゲンには、野生のものと飼育されたものに大まかに対応する「ロミ」と「ムボ」という概念が存在しているが、野生のものを意味するロミは飼育することができない存在であり、飼育されたものを意味するムボは野生に戻ることがない。ここには、西洋のコスモロジーの基礎になる「自然」概念が存在せず、「自然-文化」の区別も相互の転換もない「文化」が存在している。すなわち、ここにはひとつの自然が多様な文化的枠組みを通して意味づけられ統御されるといった認識論的構図は成り立っていないことになる。

ストラザーンが、自然-文化の二分法の議論の位相を認識論から存在論の問題に移したように、次に論じるラトゥールもまた同様の問題意識のもとで、集合体の理論を展開している。

アクターネットワーク理論の自然

集合体の理論は、アクターネットワーク理論（ＡＮＴ）によって具体的な調査事例を通して練り上げられ、存在論的転回につながるラディカルな成果を生んできた。ラトゥールが、ミシェル・カロンやジョン・ロウらと推進してきたANTは、既述のとおり社会を人間だけでなく、モノなどの非人間を含むアクターが連関するネットワークとして、すなわちハイブリッドな集合体として捉え直している。その作業を通して、自然と文化、あるいは自然と社会に区分された二分法の自明性に異議を唱えてきた。

ANTが主眼として示してきたのは、自然科学においても、科学者の「発見」を待っているような「自然」という所与の実在があるわけではなく、「発見」された科学的事実にしても、それらが世界そのものの現れではないということだった。アクターと総称される人間や非人間（動物や機械や道具、記号を含む）は、他のアクターと連関するネットワークによって初めて、特定の形態や性質をもつのであり、いわば「自然」とは、アクターと連関するネットワークによって姿をみせるものだった。たとえば、ラトゥールがルイ・パストゥールの研究をたどるなかで明らかにしたことは、微生物の発見を事実として成り立たせるには、科学者は実験室や実験器具、装置を整備し、適切な働きかけや条件設定を行わねばならず、それらが欠ければ、微生物の存在は確かなものとならないということだった。

しかもまた、そのプロセスでパストゥール自身が有力な科学者となり、政治的駆け引きや社会的発言を強めていくことも、微生物の存在には欠かせなかったというのである。微生物は、人間を含めさまざまなアクターがネットワークを結び、連関しなければ姿を現すことのない「自然」なのだ（ラトゥール1999＝二〇〇七）。アクター同士をつなぐネットワークが組み換われば、それぞれのアクターの形態や性質も変化する。アクターとネットワークは再帰的に変化し続け、本来的に不安定なものである。つまりANTの主張では、自然は一義的に決まっているわけでもなく、自然という所与の実在を自然科学が汲み出すのでもない。サイエンスの営みによってアクター同士のネットワークが安定的に持続するようなプロセスを経ることで、複数の虚構から実在性が獲得されるのである。したがって微生物の存在は、自然の側にも社会の側にも還元することができず、むしろ近代に生きるわれわれにとっての自然や社会はいずれも、微生物の発見を通して形づくられてきたとさえいえるのだ（山崎 二〇一九）。科学を社会の側から説明しようとする社会構築主義とは明確に異なり、ラトゥールが打ち出した「対称性アプローチ」は、自然と社会が同時に生み出されるプロセスをたどり直すことで、自然と社会が相互の因果関係のなかで変化し続けていることを提示した。

ラトゥールによれば、自然に対して社会や文化を対置することはできず、サイエンスの営為と文化的営為は本質的に異なるものではなく、連続的な地平にあるということになる。さまざまな文化や社会があるのと同様に、自然もまたアクター間のネットワークによって多様な姿をもつことが明らかにされたのである。

3 存在論的転回

アニミズムとナチュラリズム

これまでの議論を振り返れば、多文化主義は、文化の多様性を尊重することを主眼にしながらも、西洋中心主義的な枠組みの内部に留まったままであるということだった。西洋的な自然-文化の二分法は、単一の自然と複数の文化という構図をもっており、差異や特殊性は文化の側におかれていた。つまり多文化主義は、いわば「単自然主義」に基礎づけられていたのである。単自然主義という言葉が耳慣れないのであれば、そのまま自然主義《ナチュラリズム》と呼んでもかまわない。この二分法では、自然科学はナチュラリズムの立場にたち、人文社会科学は多文化主義の立場にたって、互いの研究領域を棲み分けてきたともいえる。こうした構図によって、西洋の自然科学のみが「自然」の真理や法則へのアクセス権を独占し、その優越性を誇示していたといってもよい。一方で、この西洋の知の構図は非西洋の知を、文化という虚構の側に押し込めてきたのだった。

しかしストラザーンのフィールドの事例では、自然と文化の区別ができない文化があり、ANTの主張するところでは、自然もまた文化と同様、多元的であることが示されたのだった。

こうした考察を踏まえれば、「多様な文化がある」ではなく、「「自然‐文化」の多様な二分法がある」と言い直さなければならない。自然‐文化の二項対立的図式の自明性が揺らぐ中で、差異がどの図式で位置づけられているのかを問わなければならないのである。

人類学の認識論から存在論への転回は、なによりもそのことを示している。自然と文化のそれぞれを単数とみるか複数とみるかによって、異なる存在論、あるいはコスモロジーが描き出せるのだ。

フランスの人類学者フィリップ・デスコラはこうした観点から、さまざまな民族のもつコスモロジー（存在論）を四つの類型（アニミズム／トーテミズム／ナチュラリズム／アナロジズム）によって分類している（Descola 2005＝二〇一九）。それらのコスモロジーが想定する人間と非人間（動植物や事物）の関係については、外面的形態や生理的・知覚的プロセスなどの肉体性の軸と、精神や魂、意識などの内面性の軸とを直交させ、ふたつの軸を類似と差異で区分し重ね合わせることによって、図のように整理すること

		肉体性・外形性 生理的・知覚的感覚運動的プロセス 《自然》	
		類似	差異
内面性・精神性 霊魂・魂 《文化》	類似	トーテミズム 単一の自然 − 単一の文化	アニミズム 複数の自然 − 単一の文化 多自然主義
	差異	ナチュラリズム 単一の自然 − 複数の文化 多文化主義	アナロジズム 複数の自然 − 複数の文化

図　コスモロジーの四類型

（Descola 2005: 176＝二〇一九: 一七八）をもとに，補足的に加筆し再構成している。

ができる。

すなわち、肉体性の差異と内面性の類似が想定される場合が「アニミズム」、肉体性の類似と内面性の類似が想定される場合が「トーテミズム」、肉体性の類似と内面性の差異が想定される場合が「ナチュラリズム」、肉体性の差異と内面性の差異が想定される場合が「アナロジズム」である。なお、肉体性・外形性の軸を《自然》の軸とし、内面性・精神性の軸を《文化》の軸としても理解しやすくなるだろう。

今それぞれのコスモロジーを詳述するための紙幅はないが、ここでの文脈で重要なものは、デスコラも注目するアニミズムである。アニミズムは、デスコラの調査地の南米アマゾニアのコスモロジーであるが、ナチュラリズムとの間で対照的な特徴を備えており、両者の比較に絞って議論を進めていきたい。

ナチュラリズムは、先述のとおり西洋近代に典型的なコスモロジーであり、自然と文化を明確に分離する。文化は人間の認識論的領域である一方で、自然は人間活動からの浸透がほとんどない存在論的領域である。自然そのものは、客観的な法則に貫かれたひとつの存在として位置づけられる。進化論のように、ヒトも動植物も進化の過程で連続しているが、動植物やモノなどの非人間は、内面性や魂をもたず、人間にとってのコミュニケーションの対象ではない。自然は人間によって開発されるにせよ保護されるにせよ、受動的でコントロールの対象に過ぎない。たとえば動物保護では、ヒトの知能との近接の度合いで序列化され、保護の優先順が異なるように、ナチュラリズムの背後には人間中心主義的なパースペクティヴ——つまり、ヒューマニズム——が見え隠れしている。この点であえていえば、ナチュラリズムとヒューマニズムは帝国主義や植民地支配のロジックを想起させるものでもある。

一方、アニミズムの場合、自然や非人間は、人間と異なる肉体性や外形性をもつが、内面性や霊魂（アニマ）をもち人格を備えるという点で、人間と同じ文化をもっている。人間と非人間との間では、人格対人格の関係が築かれるのである。すなわち両者の間には、約束や契約、取り引きや駆け引きのような社会的関係が結ばれ、能動性をもつアクターとしての地位がいずれにも与えられている。

多自然主義とパースペクティヴィズム

デスコラと同様にアニミズムに注目するブラジルの人類学者エドゥアルド・ヴィヴェイロス・デ・カストロの議論を通して、さらに掘り下げてみていこう。ヴィヴェイロス・デ・カストロは南米先住民のアニミズムが示す人間と非人間との興味深い関係に目を向けることで、その特異なコスモロジーを次のように例示している。

> 動物や精霊は、われわれを非‐人間的な存在として見るので、自らを人間として見る。これらの存在は、自分たちの家や村にいる時には自らを人間の姿をしているかそのようになっている、と〔先住民たちは〕把握する。さらに、自らの習慣や特徴を、ある種の文化のもとに経験する。すなわち、食糧を人間の食べ物として（例えば、ジャガーは血をマニオク酒として、死者はコオロギを魚肉として、クロハゲタカは腐敗した肉に湧く蛆を焼いた魚肉として）見るし、自らの身体的な特性（毛皮や羽毛、鉤爪、嘴）を文化的な装飾品や道具として見るし、自らの社会体系を、人間的な諸制度（首長やシャーマン、儀礼、婚姻規則など）と同じように組織されたものとして見る。（ヴィヴェイロス・デ・カストロ 2005＝二〇一六：四二‐四三）（強調と（　）内は原文。〔　〕内は引用者）

南米先住民にとって、文化は人間のものであり単一で普遍性をもっている。動物たちも人格をもち、文化を人間と共有している。ただし、それは動物と人間が互いの差異のなくなった世界で共に暮らしているということではない。人間も動物も、それぞれの肉体に根ざしたパースペクティヴをもち、各々のパースペクティヴのなかで自然は多様に現れているからだ。ヴィヴェイロス・デ・カストロが「パースペクティヴィズム」と名づける存在論的思考が、先住民の世界で作動しているのである。右の引用のように「ジャガーは血をマニオク酒として、死者はコオロギを魚肉として、クロハゲタカは腐敗した肉に湧く蛆を焼いた魚肉として」見ているのは、文字どおりそうなのであって、それぞれのパースペクティヴにおいて、自然やモノは関係論的に多元的に存在している。認識論的な表象やアナロジーの次元ではなく、文字どおり存在論的にそのようになっている。「つまり、すべての存在者は、世界を同じ仕方でみている。変化するのは、それがみている世界なのである。動物たちは人間たちと同じ「カテゴリー」と「価値」を利用している」（ヴィヴェイロス・デ・カストロ 2009＝二〇一五：七二）（強調は原文）。自然は多様体であり、人間にとっての「血」がジャガーにとっては「マニオク酒」なのである。あるいは、両者が「マニオク酒」とみている対象は同じ物体ではないと言い換えてもよい。

ヴィヴェイロス・デ・カストロは、このような先住民の世界を「多自然主義」multi-naturalismと呼ぶ。多文化主義ならば、文化的枠組みAでは「獲物の血」と表象され、文化的枠組みBでは「マニオク酒」と表象される対象Xがあると認識論的に考えるが、多自然主義の場合には、はじめから血／マニオク酒しか存在しない。どちらが現実を正しく認識しているかといった認識論的な論争は生じない。人間とジャガーはそれぞれ異なるパースペクティヴでモノと連関している世界に住み、両者はマニオク酒を飲む文化を共にもっているのである。

したがって重要なことは、あるパースペクティヴから構成される世界には、他のパースペクティヴによって構成される世界が潜在しているということである。たとえば人間のパースペクティヴが構成する部分は、ジャガーやクロハゲタカのそれぞれのパースペクティヴとも別様につながっている。しかも、多自然主義をとる先住民は、自分たち人間や非人間、精霊やモノたちごとに異なるパースペクティヴがあることを知っており、自分たちが生を営む世界には、他なる世界が隣り合わせで潜んでいることを自覚しているのである。

4　パースペクティヴィズムの集合的創造性——結びにかえて

本章の冒頭で論じたことは、創造性が文化や社会の《外部》からやってくるということだった。この《外部》とは、思弁的実在論の相関主義批判が示した《外部》でもある。この《外部》をＡＮＴや集合体の理論、パースペクティヴィズム、多自然主義の議論とラフにつないで、集合的創造性とはなにかを考察し、まとめとしよう。

ＡＮＴや集合体の理論からわかったことは、人間や非人間を含むさまざまなアクターは、相互に連関するネットワークに応じて、多様な形態や性質をもちながら、ある程度自立して集合体を構成しているということである。集合体の内部は、相関主義的な世界のようでもあり、《外部》にアクセスしているわけでもないが、複数の集合体が異種混淆的に重なることで、ある集合体にとっての内部が別の集合体にとっての《外部》である襞のような重層的世界をなしている。

パースペクティヴィズムが示したことも同様である。人間にとっての血は、ジャガーにとってのマニオク酒であるように、それぞれのパースペクティヴには、別のパースペクティヴからなる《外部》の世界が潜んでいる。多自然主義の世界に暮らす先住民たちは、他の動物たちや精霊やモノたちごとに異なるパースペクティヴがあると考えている。

多自然主義の世界がなにより興味深いのは、先住民たちは自らのパースペクティヴに閉じ籠っているわけではないという点にある。むしろかれらは、他の動物や精霊の視点からみて、自分たちを他者のようにみなし、そのプロセスを通して自らを主体として把握するというのである（ヴィヴェイロス・デ・カストロ 2009＝二〇一五：一九四）。他の動物や精霊は、自らを人間であると考えているので、それらの視点から見たときには、自分たち先住民の方が「獲物」であったり、「敵対者」であったり、「マニオク酒」であったりして現れていることを、かれらは自覚しているのである。なぜなら、同じひとつの文化体系の共有が想定されているからだ。そして、自らの視点からみた自己と他者の視点からみた自己のどちらに定まることもなく、互いの視点の交換が連続的に継起するプロセスのなかで、多様体である自らは主体化することになる。〈5〉ここにこそ、パースペクティヴィズムのもつ集合的創造性のエッセンスがあるといえよう。

パースペクティヴィズムの可能性は、他者理解を深めることにあるのではなく、むしろ自らが主体になることにあり、主体になるために《外部》である他者をその出発点として必要とするということにある。ここには、これまで西洋近代が想定してきた個的主体とは異なる人間観が表れている。すなわち、他者と切り離され自律した個的主体ではなく、他者とのかかわりの中で創造される集合的主体である。

以上の考察の成果は、本書序章の松田論文が、イヴァン・イリイチのコンヴィヴィアリティ概念を集合的主体概念と接合して鮮やかにアップデートしたように、現代のわれわれの社会に対しても示唆を与えるはずだ。本章において、社会を集合体として捉え直した今では、アニミズムの多自然主義の世界とわれわれの生との距離はけっして遠くはない。

最後にふたたび岩田慶治の言を借りて、とりあえずの結びとしたい。

視点の変換というのは、それこそがわれわれの一瞬の生の真実なのです。それによって世界の全体をつかむのです。だからこれがないと一瞬をキラリと生きることができない。一瞬一瞬の生が連鎖しない。(……)伝統社会の人びとは、かれらの心の深層において、自分がカミになり、カミが自分になる。自分が鳥になり、鳥が自分になる。この世があの世になり、あの世がこの世になる。そういった異質なものの変換が可能な世界を見ていたのではないか。そこに生命があり、そこにこそ自由がある。

(岩田 一九八二：八〇-八一)

注

〈1〉 ミハイ・チクセントミハイ『クリエイティヴィティ――フロー体験と創造性の心理学』世界思想社、二〇一六年(原著一九九六年)。P・ブルデュー『芸術の規則』藤原書店、一九九五・一九九六年(原著一九九二年)。ナタリー・エニック『ゴッホはなぜゴッホになったか――芸術の社会学的考察』藤原書店、二〇〇五年(原著一九九一年)などを参照。

〈2〉 ここでの「創発」に関しては、以下の「創発特性」の定義を参照。

「要素が集合して一つの全体をなす場合、要素が相互に関係しあうために、要素の特性の単純な総和に還元できない新しい特性(……)ある現象の複雑性が低次なものから高次なものへと移行したときに、(出現する)新たな特性。たとえば、分業は、個人の能力の総和を遥かに超える高度な生産性を可能にするなどの理由から、集団に生ずる創発特性である。」(大澤真幸「創発特性」『社会学辞典』弘文堂、一九九四年)

〈3〉 充足理由律が正しいとするならば、あらゆる事物の存在には理由があることになるが、それぞれの存在理由を探るためには無限後退に陥ってしまうか、さもなければそれ自体が自己原因であり自らを理由づけられるような絶対的理由が存在することになる。しかし相関主義をとる限り、そのような絶対的理由や必然性は、その完全性ゆえにアクセスできないことになり、充足理由律自体も棄却される。したがって、世界は理由なく無根拠な原理を出発点にして構成されているに過ぎないことになり、世界とは徹底して無関係な《外部》の実在が明らかになる。

〈4〉 ドゥルーズの用いるagencementの日本語訳としては、「作動配列」「動的編成」「アレンジメント」などを選択することが多いが、ここでの文脈に沿ってデランダの用法を採用している。

〈5〉 ヴィヴェイロス・デ・カストロは、カニバリズムを主に取り上げたが、精霊や動物への憑依儀礼やミメーシス的行為もその好例となろう。たとえば、シベリアの先住狩猟民ユカギールのアニミズムを調査したレーン・ウィラースレフは、パースペクティヴィズムの知見を通して、獲物である動物のしぐさやかたちを模倣する狩りに注目している。ユカギールの狩りの現場では、人間と動物のいずれもが互いにとって狩猟者にも獲物にもなるというダイナミックな転換があり、どちらの側にも人格性や行為主体性が生起するアニミズムの世界が繰り広げられている（ウィラースレフ 2007＝二〇一八、野村 二〇二一）。

文 献

秋道智彌編 二〇一八『交錯する世界 自然と文化の脱構築——フィリップ・デスコラとの対話』京都大学学術出版会。

DeLanda, Manuel, 2006, *A New Philosophy of Society: Assemblage Theory and Social Complexity*, Bllomsbury.（＝二〇一五『社会の新たな哲学——集合体、潜在性、創発』篠原雅武訳、人文書院）

Deleuze, Gilles et Claire Parnet, 1977, *Dialogues*, Flammarion.（＝二〇一一『ディアローグ——ドゥルーズの思想』江

川隆男・増田靖彦訳、河出文庫）

ドゥルーズ、ジル　一九九四『スピノザ――実践の哲学』鈴木雅大訳、平凡社（原著一九八一年）。

Descola, Phillipe, 2005, *Par-delà Nature et Culture*, Gallimard.（＝二〇一九『自然と文化を越えて』小林徹訳、水声社）

郡司ペギオ幸夫　二〇一九『天然知能』講談社。

岩田慶治　一九八二『創造人類学入門――《知》の折返し地点』小学館。

久保明教　二〇一九『ブルーノ・ラトゥールの取説』月曜社。

ラトゥール、ブルーノ　二〇〇八『虚構の「近代」――科学人類学は警告する』川村久美子訳、新評論（原著一九九一年）。

――　二〇〇七『科学論の実在――パンドラの希望』川崎勝・平川秀幸訳、産業図書（原著一九九九年）。

ラトゥール、ブリュノ　二〇一九『社会的なものを組み直す――アクターネットワーク理論入門』伊藤嘉高訳、法政大学出版局（原著二〇〇五年）。

前川啓治・箭内匡他　二〇一八『21世紀の文化人類学――世界の新しい捉え方』新曜社。

メイヤスー、カンタン　二〇一六『有限性の後で――偶然性の必然性についての試論』千葉雅也・大橋完太郎・星野太訳、人文書院（原著二〇一二年）。

野村明宏　二〇〇一「〈社会的なもの〉と〈個人的なもの〉における非決定性の関係論――規律社会から管理社会への移行をめぐって」『哲学研究』五七一、一〇七-一四〇頁。

――　二〇二一「他者の視点に立つことを再考する――模倣とパースペクティヴィズムをめぐって」松田素二・阿部利洋・井戸聡・大野哲也・野村明宏・松浦雄介編『日常的実践の社会人間学――都市・抵抗・共同性』山代印刷出版部。

奥野克巳・石倉敏明編　二〇一八『Lexicon　現代人類学』以文社。

ストラザーン、マリリン　一九八七「自然でも文化でもなく」エドウィン・アードナー他『男が文化で、女は自然か？――性差の文化人類学』山崎カヲル監訳、晶文社。

内堀基光・山本真鳥編　二〇一六『人類文化の現在――人類学研究』放送大学教育振興会。

ヴィヴェイロス・デ・カストロ、エドゥアルド　二〇一五『食人の形而上学――ポスト構造主義的人類学への道』檜垣立哉・山崎吾郎訳、洛北出版（原著二〇〇九年）。

――　二〇一六「アメリカ大陸先住民のパースペクティヴィズムと多自然主義」近藤宏訳『現代思想三月臨時増刊号　総特集　人類学のゆくえ』四四（五）、四一-七九頁（原著二〇〇五年）。

ウィラースレフ、レーン　二〇一八『ソウル・ハンターズ――シベリア・ユカギールのアニミズムの人類学』奥野克巳・近藤祉秋・古川不可知訳、亜紀書房（原著二〇〇七年）。

山崎吾郎　二〇一九「技術と環境」松村圭一郎・中川理・石井美保編『文化人類学の思考法』世界思想社、一一九-四二頁。

II

時間と集合的創造性

第3章　設計図のない建築
――サグラダ・ファミリア建設の軌跡にみる集合的創造性

阿部利洋

1　集合的創造性のあらわれは計画できるのか、それとも偶然の産物か

集合的創造性という概念を考える際の論点のひとつとして、それは計画できるものなのかどうか、というものがある。現代の市場競争のなかでは多くの企業は「計画できるし、すでに実行している」と言うだろうし、マクロな視点で人類史を俯瞰すれば、それは計画されない形での集合的創造性の軌跡であったといえるかもしれない。

一方で、この章では集合的創造性という概念に対して、右に見るような経済上の要請からくる印象操作の競争や社会と歴史の本質論とは別の視点がないか、と同時に、「計画できる／できない」という二分法の先にある議論の可能性はどういうものか、探ってみようと思う。

そのための出発点として、本章では集合的創造性という概念を、次の二点から規定する。

①持続する時間軸のなかで、多様な、未知のインプットにひらかれている。

②他の人間の創造性を引き出すような創造性となっている。〈1〉

その上で、計画性と偶然性の中間領域、あるいは計画性と偶然性が重なり合うような現実をもたらす形式や条件は何か、という観点から集合的創造性概念を検討する。

以下の議論においては、上記①と②をみたす具体的な事例を建築（物・空間）カテゴリーに求めることにする。建築は、設計・建設・利用の期間を通じて（無限ではないが）不特定多数の人々が、それぞれの有限の時間のなかで継続的に関わり、またそれ自身永続はしないものの一定の期間以上持続する存在である。そういう意味で、有限と無限の間に独特の位置を占める人工物であり、計画性と偶然性の中間領域を検討するという本章の課題に対応する。さらに、人々の関わりによって意味をなし、かつその意味が持続するという性格に着目すれば、人工物としてよりも社会的な場として認識することになるだろう。

上記の目的のために、以下の議論ではまず、建築史学や人類学の枠組のなかで取り上げられてきた建築物・建築空間の変容に関する議論の一部を紹介し、そこにおける初発の計画・設計とその後の変化との関係について整理する。次に、バルセロナのサグラダ・ファミリア建設に焦点をあて、建設の経緯、現場の作業に従事する専門家のコメント、デザイン・構造上の特徴に着目する。建築物が変容する過程においても、その建築物の同一性《アイデンティティ》はどのようにして持続、さらには発展させられるのか。本章では、サグラダ・ファミリア建設に見られる特徴的な諸要素が、集合的創造性概念に関する議論をどのように発展させることになるのか、掘り下げた議論を試みたい。

2　変容する建築空間への着目

構造設計への複数人の関与

建築物・建築空間を厳密に捉えれば、その物質性や使用者との関係は、時間の長短にかかわらず、常に変化している。けれども、そうした「ことの本質論」へ向かわずに、特定の建築物・建築空間の同一性《アイデンティティ》を、その変化のユニークネスから捉えようとする議論もある。加藤耕一は、古代から現代までを俯瞰する建築史学の観点からすれば「スクラップ&ビルドの新築主義」は二〇世紀的な考えであり流行にすぎず、むしろリノベーション、転用・転生、部材再利用《スポリア》の手法こそが西洋建築における主流であったと考える（加藤 二〇一七：四-五）。

そこで挙げられるのは、古代ローマの円形闘技場やパリ郊外のサン-ドニ大修道院である。前者のうち南仏ニームやアルルのものは一世紀から現在に至るまでの時間軸の中で、その用途が「円形闘技場→軍事要塞→都市住居」と変遷している。治安の悪化や回復など社会的・政治的状況の変化に伴い場の性格も変わり、強固な構造は残される一方で、その場の潜在的な機能が見いだされた。後者は八世紀に建設されたのち、一二世紀まで増築されることで、「ゴシック様式の誕生」と後世から賞賛される建築となったが、それは既存建物の再利用の結果であった点に注目されるという（加藤 二〇一七：八四-八五）。この増改築が行われた理由は、中世ヨーロッパの都市における人口増がもたらす信者数の激増であった。

もっとも、構造設計に複数の責任者が関わることは、中世の教会建築において普通のことであった。

「壮大な聖堂は一人の建築家の作品であったためしはない」とアントニオ・ガウディは言っている（鳥居 二〇〇七：四〇六）。彼はその典型例としてローマのサン・ピエトロを例に挙げ、四世紀から現在に至るまで、聖堂の天井構造のみならず平面形の変更を経て、何名もの建築家が設計に携わり、「大変な仕事量と財源が注がれたにもかかわらず、完成することはなかった」（鳥居 二〇〇七：四〇五、五一四－五一五）と語っている。

設計意図からの逸脱として派生する建築空間

右に見たように、前近代の大型建築は、完成目標までの時間を比較的長期に想定し、そこには開始の時点で計画されていない意図や条件が反映される余地も多分に生じた。ここで「計画されていない意図の反映」と言うとき、その反映のされ方についてさらに区別することができる。そこには当初の設計案から大幅にずれる構造上の変更や、建築を取り巻く環境の変化に応じた、建築用途の変容も含まれる。では、こうした変化の過程のなかで、にもかかわらず同一の建築（空間）であると認識されることになる条件は何だろうか。

この問題を考えるにあたって示唆的な例は、近代以降の、さらには都市計画という規模での建築群の設計——たとえばブラジリアの都市計画——にみることができる。

現在ブラジルの首都であるブラジリアは一九六〇年にリオデジャネイロから移転したが、計画開始からわずか四一ヵ月で完成した。移転に際しては、内陸部の開発を通じた国土発展や海岸部から離れることによる安全保障の強化とともに、宗主国ポルトガルの影響が強い既存都市とは異なる「新たなブラジル人アイデンティティ」のシンボル創出といった目的が掲げられた。路地や広場などインフォーマルな交流が生まれる場——犯罪の可能性もある——を排し、交通渋滞が発生しない車道設計とし、住居・商業施設・オフィスはそれぞれ分離したエリアに配置する。このようにして、衛生的・効率的・理性的な空間秩序（行きつくところは『未来都市ブラジル』？）が生まれるはずだった。[2]

しかし、完成後二〇年が経過した一九八〇年の段階で、ブラジリア住民の七五％は計画された地区に住んでいないことが判明した。六〇万人の居住が想定された計画地域にもその半分以下しか住んでいなかった。その代わりに、計画都市の外に「インフォーマル・ブラジリア」が次々と出現し、三〇〇万人の人口を抱える都市圏が誕生したのである。ジェイムズ・ホルストンが聞き取りをした人々は「ブラジリアには、ストリートの喧騒がなく、人波もなく（……）つまり活気がない」と不満を口にした（Holston 1989: 105–107）。コントロール可能な空間を設計しても、それはその場所に限定されたものとしてテーマパーク化され、その影響の及ばない外部が作られる。人々は「清潔で合理的な」空間を好まず、社会階層をまたいだ平等な人間関係は促進されず、それまで慣れ親しんだ生活パターンは放棄されず、都市計画の理念と意図に反する空間が隣接エリアに増殖することになった。

ジェイムズ・スコットは *Seeing Like a State*（1998）のなかで、理想的な社会の創出を目標とする近代の大規模国家プロジェクトはすべて失敗するが、無数の（無名の）人々のインフォーマルな修復行為によって何らかの社会秩序が可能になる、という認識を提示している。これを先のホルストンの視点につなげれば、次のような理解が得られるだろう。すなわち、都市建設に携わった労働者たちのその後なども含めて、その政策は策定側の予想を超える現実をもたらし、それが計画都市の空間を超えて現れることなったが、そうした無秩序で複雑な効果によって――もっと言えばそのおかげで――、あらかじめ計画された都市空間が機能し始める状況がある（Scott 1998: 249）。

このケースでは、ブラジリアが有機的な都市として機能するようになった主要因として、（事後的に見れば）政策的な失敗を修復しようとする無数の人々によるインフォーマルな働きかけが挙げられるわけだが、それはそもそも見通しを誤った計画によって生まれた／に触発されたものであり、いわば計画通りに実現することが望ましいと考える側からすれば「二重の否定」[3]を被るところに生じた場所のアイデンティティであり独自性であるところに注目したい。

偶発的な行為の連鎖、あるいは政策的な失敗の集合的な効果

ある建築（群）が長期間持続するとき、そこには流転・変化する形での独自性がそのアイデンティティとなる場合がある。先に取り上げたのは(a)「用途が変化した事例（円形闘技場）」や(b)「用途は同一だが構造が変化した事例（教会）」であり、あるいは(c)「用途が支持されず（用途に不満が出たため）別の建築空間が付加された事例（計画都市）」であった。喩えて言うなら、(a)と(b)は建築空間Xがバリエーションとして姿を変えたものであり（X′、X″、X‴……）、(c)はいわばXに触発されたYが作られたということになるだろう。さらにいえば、(c)についてホルストンやスコットらの視点を反映させて「完成後数十年経過した後のブラジリア都市圏の方が本来あるべき（有機的な）都市の姿である」とみなすならば、完成直後の状態は不十分なXであり、そこに予想外の要素が加わることでXらしきものが出来上がっていった、と記述されるかもしれない。

当初の設計者の意図と後続の構造物の関係ということでは、円形闘技場など必ずしも明確にできない場合もあるものの、基本的には初発のベクトルを尊重し、あるいはその方向性に沿って改変を試みる前者に対して、後者の場合は初発のベクトルに影響を受けつつも——計画的に建設された建築群に寄生しつつ——、それを拒否するところに生じる動きであるといえる。設計者や為政者の立場との関係からすれば、政策的な失敗に生じた「意図せざる結果」である。一方、初発の計画とその後の変化の関係はどうだろう? この場合、スタート地点にある設計者による(触発効果を期待するかのような)何らかの意図を読み込むことはできない。むしろ、治安状況の変化や教団信者の増加など歴史的・社会的な変動に応じた偶発的な効果として現れた集合的創造性という性格が強いように思われる。

では、必ずしも計画的にではないが、上記のような後続する働きかけが生じる際に、何らかの形で初発のベクトルの影響がより大きいパターンを考えることができるだろうか。計画的(意図的)ではないが、偶発的でもない、そのような独特の中間地点に位置する事例を見つけることができるだろうか。

3 サグラダ・ファミリア建設過程における設計図の不在

集合的創造性の発現に関する計画性と偶発性の中間領域を考える際に、とりわけ示唆的な例として本章で着目するのがサグラダ・ファミリア(聖家族教会)の建設過程である。スペイン、カタルーニャの建築家アントニオ・ガウディの作品と紹介されることもあるバルセロナの教会は、二〇二〇年現在、着工から一三八年が経過してなお建設が続いている。平面で囲まれた直方体の建物を見慣れた人々からすると異様な迫力を醸し出す巨大な宗教建築は、近年の観光人気がもたらす資金の流入とテクノロジーの進化によって建設スピードを上げており、一昔前には「二一世紀中の完成は不可能」と言われていたにもかかわらず、二〇一三年にはガウディ没後一〇〇年にあたる二〇二六年に完成を目指すと公表された。

　とはいえ、その建設過程は順調なものではなかった。そもそもガウディは二代目建築家として参加することになり、教会の性質[4]もあって自身の存命中には建設予算を十分に確保できない時期に度々直面し、建設途中で死去した。その後の内戦により図面や模型等の多くは失われ、さらに社会・政治状況の変化のなかで建設の中止が検討されたこともあった。

　このような建設過程において、サグラダ・ファミリアに独特の緊張感を与えているのが、その完成形を明確に指示する設計図の不在であり、言い換えれば建築デザインに関して一貫して共有されてきた終着点の欠如である。この点について、鳥居徳敏は二〇一二年の時点で次のように指摘している。

「〔一九八四年の〕建設委員会規約によれば、その第10項で「アントニ・ガウディが残した図書、および弟子たちに与えた指示に基づき建設を続行する」と規定されていた。しかし（……）初代の聖堂建築家ビリャール以来、一度として最終計画案というものが存在することはなかった。（……）すなわち、ガウディの図書や指示に基づくと規定しておきながら、そのベースのないところで計画がなされていると結論付けることができるであろう」（鳥居 二〇一二：二〇-二一）。

　ガウディ存命時の記録には、構造から材質から象徴装飾の細部に至るまで詳しく説明する本人の言葉が残されているのだが、一九一五年の時点で「平面図はすべて完成しているわけではない」、というのも「それ以上分からない」からだ、と語っており（一九一五年三月二一日、鳥居 二〇〇七：四二五）、また

「サグラダ・ファミリアの建設は、大きな大聖堂の建設のように、その時々の状況に左右される。この社会が避けることのできない偶発事、そうしたものにさらされている。（……）それ故（……）最終案の図面は作らない」（一九一五年三月一〇日、鳥居 二〇〇七：五一三－五一四）ともある。

第八代主任建築家のジョルディ・ボネットによれば、父（第六代主任建築家）が持っていた「ガウディの遺言書のような文書」には「受難のファサードのスケッチを一点だけ描く。それを見て、私の仕事を引き継いでほしい」と書かれていたという。[5] 主任彫刻家の外尾悦郎は設計という言葉を用いずに「ガウディの構想していたサグラダ・ファミリア」と表現している（外尾 二〇〇六：二二三）。こうした点を強調すれば――そして設計者の意図が完成までの過程をコントロールすることが前提の近代的な作品観からすれば――、前出のサン・ピエトロ大聖堂がどの建築家による作品とも呼べないように、サグラダ・ファミリアは「ガウディの作品」ではない。

もちろん、サグラダ・ファミリアも時と場所の制約の中で、また建築史において先行する事例と知見を参照するなかで構想されている。ガウディの設計思想のルーツや類比しうる対象としては、グラナダ王国アルハンブラ宮殿（一三―一四世紀）に見られるイスラム建築の装飾手法・空間構成やムデーハル建築[6]（一二世紀―）のレンガ工法、カタルーニャ・ゴシック（一三世紀後半―）のヴォールト空間、ヴィオレ＝ル＝デュクの構造合理主義（一九世紀フランス）、モデルニスモ建築（一九世紀末バルセロナ）、地中海文化圏の建築的伝統（建築タイルの使用など）が挙げられている（鳥居 一九八五：一八－一九、三二－三五、二〇〇一：二〇二－二一三、四一二－四一六、バセゴダ 一九九二：四九、五七）。

しかし、現場の建築家や職人は、担当する個々の構造・造形を、自らの責任で細部に至るまで具体的に確定しなければならない。彼らは形に対するより明確な理解と確信を得るために、ガウディ存命中に建築された箇所のデザインや寸法の比率、一部残った構造模型などから、あるべき姿を検討し、想像し、研究することになる。現場監督のジャウマ・トーレギタルは「ガウディの形には言葉がある。それを見つけなくちゃならない。「言葉」が分かったら、複雑に見えたものが実は正反対だと気づくだろう（……）そこで大事なのは、言葉を解くマジック」だと言う[7]。サグラダ・ファミリアの模型室で五〇年にわたり石膏模型を復元してきたジョルディ・クッソは、プッチ・ボアーダ（第五代主任建築家）について「「受難のファサード」の模型細部を決めるとき、「あなたの考えにかなり近づいているのだけれど、どうかなぁ」と、〔亡き〕ガウディに話しかけるのが口癖でした」と回想する[8]。彫刻家のブルーノ・ガジャルは、その独創的な表現で批判を受けたジュゼップ・スビラックのことを「（彼は）サグラダ・ファミリアに二〇年間ほど寝泊まりしながら、ガウディの意図を探り、それを飲み込んだ上で自分のスタイルで表現しました。そうした進め方は、ガウディも理解を示してくれるのではないかと思っています」と評した[9]。模型室工房長のジョゼップ・タラーダは、進行中の建設に伴う「研究」過程の一端を次のように表現した。「実際には、ここにある模型の破片を復元し、そこからガウディが遺した法則を探り、それを基に設計図を起こしています。遺跡の発掘をイメージしてもらうと分かりやすいと思います。掘り起こした模型の破片を基に建物をつくっていっています。〝化石〟の発掘現場がすぐ脇にある建物なんて、おそらくサグラダ・ファミリア以外にはないでしょう[10]」。

　このように、サグラダ・ファミリアの現場では、建設中であるにもかかわらず、あたかも建築物を修復するかのような作業が並行することになる。ガウディが完成図面を残さず、関連する図面や模型も内戦時に失われた過去が関わってくるものの、さらに、客観的に検証することのできない意図やメッセージを読み解くために探求が続けられている。

こうした、いわば設計図が不在のなかで設計意図を修復しようとするかのような取り組みから想起されるのが、学生時代からキャリア初期のガウディに影響を与えたとされる（丹下 一九八二：二一-二二、鳥居 一九八五：七〇-七一、二〇〇一：二七九、松倉 一九八四：九五）ヴィオレ＝ル＝デュクの『中世建築事典』における修復概念である（ガウディ自身がこの概念に言及しているという記録はない）。そこには「建物を修復するということは、維持することではないし、修繕することでもないし、改修することでもない。それは過去のいかなる瞬間にも存在しなかったかもしれない完全な状態に、建物を戻すことである」という表現がある（加藤 二〇一七：二四二-二四三）。加藤はこの「不可思議な定義がいったい何を示すのか」と問いかける一方で、「ヴィオレ＝ル＝デュクの修復の興味深い点は、驚くほど綿密な調査に基づく精緻な歴史研究の末に、過去に実在した状態を選択しなかった点にある」（加藤 二〇一七：二五〇）と述べている。

先に紹介した現場の職人たちは必ずしも『中世建築事典』を手に取っていないかもしれない。しかし、サグラダ・ファミリア建設の軌跡を振り返るとき、そこに記される修復概念の解釈は、その現場に持続する社会的な場を理解するための、興味深い補助線になるものと思われる。

4　集合的創造性が引き出される誘因・条件——サグラダ・ファミリアの場合

図面からの解放

そもそも本章のタイトルである「設計図のない建築」、あるいは設計図の不在という表現には、それがあることが当然であり正しい前提であり、もっといえばそれがないと作業が完遂しないはずだ、という視点が潜んでいる。しかし、外尾の考えは反対であり、むしろ「図面からの解放」だとみる。高い製図能力を持ちながら、ガウディがあえて図面を重視せず、代わりに全体と部分の精巧な石膏模型を複数制作したのは、曲面を多用する構想が複雑な設計図を過剰に要求することになるという理由の他に、繰り返される設計の変更をスムースに反映できる媒体であり、また立体模型を通じて職人たちに指示を出すことのメリットがあったからだという（外尾 二〇〇六：三七）。たとえば、図面を重視しすぎれば、職人の直感によって図面の誤りが指摘されにくくなる（外尾 二〇〇六：四三）。他方、図面がないとはいえ、構想のスケッチや構造模型の一部などからおおよその全体像は分かっている。つまり、ガウディ亡き後の作業環境としては、まったくの空白ではないが、ゴール設定と細部の具体的な指示はいずれも欠けている状態である。しかし、設計図がないことは、長期に及ぶ工期を通じて必ずしも建築物としてのアイデンティティを保てないことにはならない。むしろ形態が変化する幅を有しつつも独自性を存続させ、結果的には、不測の事態に対応するための独特のルール（次項）をその場にもたらすことにもなった。

その建築が体現する自然とは何か――自然の原理を具現化する

サグラダ・ファミリア（とガウディによる他の作品）のデザインをアール・ヌーボーの範疇に収める考えもある（ティエボー 二〇〇三：三一四）。日本でガウディが人気なのは、その建築装飾が表面的に縄文様のデザインと似ており、「木の根っこ」のようなキッチュでポップな要素が受けているからではないか、とする批判もある（磯崎 二〇〇四：二九―三〇）。「すべては大自然の偉大な著書から生まれている。（……）建築は樹木の真似である」（松倉 一九八四：六〇、六二）というガウディの言葉を読めば、その建築は自然の形態を模すことを動機としていると考えてもおかしくない。一九一一年にはバルセロナの建築家ホセ・ドメネックが、建築には自然形態の幾何学性を適応すべきであり、自然形態を忠実に模倣すべきではない、と批判した（鳥居 一九八五：二二三―二二四）ことは、この建築の特徴的な外観が与える印象――とそこに伴う誤解――を如実に示している。というのも、以下に取り上げるように、その建築は（まさしくドメネックが唱えるような）自然形態の幾何学性を応用することを、その造形制作の基本文法としていたからである。たしかに非専門家の目からすると、サグラダ・ファミリアには曲線が多く用いられているようにも見えるが、それは「大きな誤解」であり、「つくっている側からすると、まったくの逆」で「主に直線で構成されていると言っても過言ではない」（外尾 二〇〇六：四五）。

そこで持ち出されるのが、たとえば(a)双曲線面／双曲面や(b)放物線面／放物面、(c)錘状面（これらはいずれも線織面カテゴリーに含まれる）といった曲面類型であり、直線で構成される平面・構造体を動かすことで得られる。いずれも樹木の枝の分岐や波打つ落ち葉、イカのひれなど動植物の形態から着想を得た形であると説明されるが、そうした形態はランダムに現れるのではなく、ある法則に従っているので

写真　逆さ吊り実験が示す懸垂曲線の最適な連なり
（サグラダ・ファミリア資料室：2019年8月筆者撮影）

ある。双曲面は自然光を最大限に取り入れる構造として大窓や天井窓など採光部に用いられ、放物面は荷重を分散させ構造を強化するために柱の枝分かれ部分や天井と柱の接合部分に用いられ、錘状面は少ない材料で堅牢な屋根を造るために用いられた[11]（外尾 二〇〇六：四四‐四九）。

また、巨大な石造建築が自重だけで安定する構造を模索するなかで「逆さ吊り実験」が行われ、懸垂曲線の複雑な連なりが最も合理的に組み合わさる形が可視化されている（懸垂曲線をひっくり返すと建物の構造設計に応用できる）。こうして、重力に対抗せず、重力に引っ張られる通りに石を積み重ねることで、「重力は強力な接着剤のような役割」（外尾 二〇〇六：一〇三）を果たすものとなり、ギリシャ建築以来大型建築にとって敵であった重力を味方につけることに成功した。

ここに見るのは、当該建築に応用されているいくつもの自然法則の一部にすぎないが、それでもサグラダ・ファミリアが「自然の何を、どのように応用しているのか」を気づかせるのに十分な例である。また、こうした志向と認識に基づく建築において、何のためにその構造が選択されているのか、作業に加わる者に確実に理解させる媒体として、図面や数値による指示よりも模型が優れていることも見て取れる。

この建築に行きわたる造形制作の基本文法が、「自然界に存在する合理的な構造原理」であり、その解読と応用が設計のルールであることが共有されていれば、それをいかに行うかが、後続の担い手にとって創造性を発揮するにあたっての共通課題となる。そして完成像がなく、明確なゴールが共有されていなくとも、このルールにのっとって作業を進めることが、不特定多数の人間が関与し続ける場の同一性を持続させることにつながっている。外尾やバセゴダはそれを、自然界の原理を用いて、機能と構造と象徴を一つの問題として同時に解決せよとする課題であると整理している（外尾 二〇〇六：六一、バセゴダ 一九九二：一六－一七）。

ここに至って、この建設現場の特殊性に改めて気づかされる。制作に携わる側の言葉からは、自然界の（形態ではなく）原理を応用する形で構造・機能・象徴の問題を解決することを共通のルールとしている様子が浮かび上がる。しかしこれとて明文化はされていない。あくまで残された形を読み解くなかで気づかれる状態になっているのである。

超越性を体感させる空間の創出

ところで、右に見たような自然界の原理の応用は、カトリック教会という場の目的とどのように関わっているのだろうか。この点は、その場のユニークネスをどのような形でもたらすことになっているだろうか。

ガウディはその晩年（一九一五年）、聖堂の空間的意義について次のように語っている。「サグラダ・ファミリア聖堂はその全体で、神への礼拝を司るという用途以外に、宗教の真理と神と聖人たちへの賛美を造形的に表現することになろう」（鳥居 二〇〇一：三二〇）。

また「「隠れた神秘」を持っているように見える大建築の美しさ」が話題になったとき、ガウディの答えは次のようなものだった。「それらの神秘とは知覚できないような繊細さであり、そのなかで部分的には同一でない大きさやプロポーションの法則や視覚的な効果が解決されているのだ。このことは自然の中に発見されることであり、芸術では完全な作品にだけ見られる」（鳥居 二〇〇七：五三九）。それでは、ここで説明される「造形的な表現」が「知覚できないような繊細さ」のあらわれとなるとき、そのような場に身を置く者は何を見、何を聴き、何を体感することになるのだろうか。

たとえば先に取り上げたような直線を曲面に変換するメカニズムや順重力の複雑なバランスに関する知識・知恵は、専門家以外には不可視の領域に置かれている。そして、その造形ルールを各現場で応用する制作者たちは、その応用過程に各自の創造性を潜ませる。いくつかのパターンについては、現在では地下の模型室脇の展示で「種明かし」が行われているものの、パネルを読んで説明を頭で理解したつもりになっても、そのような仕組みや構造が複数組み合わさることでもたらされる空間が知覚に及ぼす効果については、多くの人々は――もしかしたら誰であれ――明確に言語化できない。ひとつには、私たちは通常、さまざまな自然物の仕組みや構造について何となく認知・認識はしているが、厳密に追求したりはしないことがある。「どこか知っている、何となく見たことがあるように思うのだけど、言葉にできない」という具合に。ここに、いわば認識と認知のずれが生じる。部分的にしか思い出せない夢の記憶もこれに似ている。もうひとつは、分析しないと把握されない次元にある自然の原理・法則――これ自体、人々は通常知らないことである――を意図的に凝縮・抽象化した形や空間を、しかも複数組み合わさった状況で経験することはない、ということがある。こうして、先述の認知と認識のずれが増幅し、交錯する。「それが何かは分からない（言葉にできない）が、その独自の体験が確かにある」と。これが各自の身体上で無数に生起するとき、何が起きるのか。それを超越性の体感と推論するのは行き過ぎだろうか。仮にこうした謎かけとその追求がもたらす独特の経験が、建築家や職人たち、そして教会を訪れる人々の間に共有されるのであれば、宗教建築としての一貫性は拡散・希薄化せず、一定の幅を保ちつつ持続するのではないかと思われる。

5　計画／偶然フレームをこえて

ここまで2節と4節で見てきた例は、いずれも冒頭の二つの条件（①持続する時間軸のなかで、多様な、未知のインプットにひらかれている、②他の人間の創造性を引き出すような創造性となっている）をみたしていると考えられる。けれども、そこには計画と偶然の関係性をめぐる顕著な違いも見いだされる。いずれの場合も初発の状態において、何らかの計画や意図はあるのだが、それが後続に影響を与える仕方が異なっている。

前節で取り上げてきたサグラダ・ファミリア建設に見られる特徴を整理すれば、その場に独特の欠如や不可視性が、集合的な模索・探求を要請する条件として機能している、という共通点が見いだせる。明示される最終地点の欠如、各自が作業のうちに見いだしていかねばならない抽象的なルール、宗教建築に要請されるある種の理念や理想。言い換えれば、これらはいずれも、それが何か明確に分からない（曖昧なままである）のだけど、そこへ向かう条件がある、という状態である。これは歴史的・環境的変化に応じて生じたニーズをみたすなど、より偶発的な性格を認められる集合的な働きかけ（例：サン＝ドニ大修道院）や独特の政策的失敗が結果として触発することになった集合的な行為（例：ブラジリア都市建設）とはまた異なる形での集合的行為のパターンとして認識できる。

とりわけ対象となる集合的な行為が生じるきっかけとなった初発の要因（計画、設計、目標設定など）と、その後に持続した不特定多数の人々の働きかけの関係について社会学的な語彙を用いれば、事後的な理解としては、それぞれの初発の要因が「潜在的順機能」を果たすことになったとみなしうる。機能分析において、潜在機能（順・逆いずれも）概念は、現実の社会現象に応用するにはあまりに曖昧で、かつ論者の恣意性が反映されやすいものであるとして忌避される傾向にあるようだ。けれども、そこに「どのような条件がどのような潜在的機能発現の触媒となるか」という視点を付加すれば、たとえば本章で検討した集合的創造性の条件といったテーマに関しては、依然として有効な――もっといえば新たに活用されうる――分析フレームを提供しているように思われる。

右に見たような集合行為のパターンや潜在的順機能の視点は、本書の共通テーマの下では、次のように理解できる。序章で松田が取り上げるフランシス・ニャムンジョは、各人の不完全性がコンヴィヴィアルな関係の基本的な条件であるという。そこでの不完全性の概念は、状況に対する反応が定まっていない（定型化されていない）という点で非決定性の概念と重なる部分がある。行為者を常に不完全な存在にとどめておく要因はミクロなものからマクロなものまで無数にあるが、行為者の解釈や判断を方向付ける所与の情報とそれに付随する制約もまた、そうした要因となっている。ある種の制約、ある種の否定性に起因する非決定性は、特定の情報を共有する人々の間に共通する認識フレームを確保させる一方で、創造的な解釈や判断を触発する余地をもつ。もちろん、行為者の不完全性は、そのような解釈や判断が常に創造的であることを保証するものでなく、場合によっては共通する認識フレームを外れることもある。しかし本章で着目した事例からは、不完全な創作者たちが、どのような（制約）条件の下でコンヴィヴィアルな相互作用を継承・発展させることになったのか、という問いに対する一つの答えを得ることができるだろう。

注

〈1〉「他の人間の創造性」が何かという定義をした上で始める議論がある一方で、「他の人間が創造性に対する問いに基づいて行う働きかけ（例：創造的であろうと作品制作を行う）」を、「他の人間の創造性」の必要条件と考え、この部分的な規定から議論を始めることも可能である。本章ではその立場を採用する。

〈2〉テリー・ギリアム監督、一九八五年。情報統制の進んだ管理社会を描くSF映画。脚本構成にはジョージ・

オーウェル『1984年』の影響も見られる。

〈3〉初発の働きかけに対する直接の否定と、その後に生じた反応によって、その働きかけの意図の正しさは否定しつつ、働きかけ自体は再評価されるとする意味での二重否定。

〈4〉「サグラダ・ファミリア聖堂は、教会や国家によって建立されたものでなければ、富豪によって創建されたものでもない。貧しい信者たちの民間団体にすぎぬ「サン・ホセ協会」によって建立された」（鳥居 一九八五：一二六）。その協会は、カトリック教会の社会理論をカタルーニャの労働者世界に適用することを理念として設立された組織（バセゴダ 一九九二：六一）であり、資金不足により何度も建築中止の危機に直面した。

〈5〉ドキュメンタリー“Sagrada: El misteri de la creació”（二〇一二年スイス、日本語版『創造と神秘のサグラダ・ファミリア』二〇一五年）

〈6〉キリスト教圏に住むムスリム。ムデーハル職人は、レンガ造建築を得意とした。

〈7〉ドキュメンタリー“Sagrada: El misteri de la creació”（二〇一二年スイス、日本語版『創造と神秘のサグラダ・ファミリア』二〇一五年）

〈8〉https://tech.nikkeibp.co.jp/kn/article/building/news/20120223/558929/?P=1（二〇二〇年四月一日閲覧）

〈9〉https://tech.nikkeibp.co.jp/kn/article/building/news/20120309/561249/?P=3（二〇二〇年四月一日閲覧）

〈10〉https://tech.nikkeibp.co.jp/kn/article/building/news/20120302/560350/?P=4（二〇二〇年四月一日閲覧）

〈11〉サグラダ・ファミリア建設に従事する職人たちの子弟が通うための学校の建物の屋根に用いられた。

文献

バセゴダ、ファン　一九九二『ガウディ』岡村多佳夫訳、美術公論社。

Holston, James, 1989, *The Modernist City: An Anthropological Critique of Brasília*, University of Chicago Press.

磯崎新　二〇〇四『アントニ・ガウディとはだれか』王国社。

加藤耕一　二〇一七『時がつくる建築――リノベーションの西洋建築史』東京大学出版会。

松倉保夫　一九七八『ガウディの設計態度』相模書房。

――　一九八四『ガウディニスモ――ガウディのことば・形・世界』九州大学出版会。

Scott, James, 1998, *Seeing Like a State: How Certain Schemes to Improve the Human Condition Have Failed*, Yale University Press.

外尾悦郎　二〇〇六『ガウディの伝言』光文社。

丹下敏明　一九八二『ガウディの生涯（第二版）』彰国社。

ティエボー、フィリップ　二〇〇三『ガウディ――建築家の見た夢』千足伸行監修・遠藤ゆかり訳、創元社。

鳥居徳敏　一九八五『アントニオ・ガウディ』鹿島出版会。

――　一九八七『ガウディの建築』鹿島出版会。

――　二〇〇一『建築家ガウディ――その歴史的世界と作品』中央公論美術出版。

――　二〇〇七『建築家ガウディ全語録』中央公論美術出版。

――　二〇一二「ガウディ研究、サグラダ・ファミリア聖堂計画案の変遷Ⅰ――外観図の分析」『スペイン・ラテンアメリカ美術史研究』一三、一三―二四頁。

――　二〇一五「ガウディ研究、グエイとサグラダ・ファミリア聖堂」『国際経営論集』四九、三七―五三頁。

第4章　太極拳推手交流会における集合的創造性

倉島　哲

1　推手交流会における上達

集合的創造性にアプローチするために、本章では太極拳の練習方法のひとつである推手（すいしゅ）を考察したい。一般的にイメージされる太極拳の練習とは、型として決められた一連の動作、すなわち套路（とうろ）を単独でゆっくりと行う練習である。それに対し、推手では、相撲や柔道のように二人で組み合って技を掛け合う。そのため、推手の練習風景は、いわゆる太極拳のイメージにはそぐわない。

だが、套路を中心とする健康体操として世界的に普及する以前に、太極拳は武術すなわち身体的闘争のための技法として中国において発展してきた。そのため、太極拳諸流派には、単独で行う套路に加えて、対人練習の方法も伝えられている。なかでも、もっとも重要な方法が推手である。相手に勝つために、自分の身体をより効率的に使う能力を訓練するのが套路であるのに対し、自分と相手、二つの身体が作り出す関係性を即興的に、かつ効率的に利用する能力（以下、「即興能力」と呼ぶ）を訓練するのが推手なのである。
集合的創造性の観点から重要なのは、推手によって養成される間身体的な即興能力が、太極拳諸流派にとどまらない普遍性を持つことである。太極拳以外の様々な武道武術の流派においても、様々な格闘技種目においても、推手で養成された即興能力は役立つのである。そのため、推手は多くの流派や種目の修行者に開かれた交流と研鑽の場を作り出すことができる。このような異質性の場に参加し、様々な流派の相手と手合わせをすることで、多様な相手に対する即興能力を向上させることができるのである。〈1〉
しかし、このような異質性の場における上達は、社会学の従来の枠組みでは捉えることができない。なぜなら、社会学はこれまで、上達という現象を、同一的な社会的場における所与の身体化としてのみ捉えてきたためである。たとえば、マルセル・モース（Mauss 1950, 1968＝一九七六）のいう「身体技法」の習得とは、社会ごとに伝承された固有の所作を身に付けることであり、〈2〉ピエール・ブルデュー（Bourdieu 1977）のいう「ハビトゥス」の形成とは、社会的場にふさわしい振る舞いの生成能力を身体化することである。様々な領域におけるハビトゥス形成についての実証的研究も蓄積されており、一例を挙げれば、ボクシング（Wacquant 2004＝二〇一三）・サーキットトレーニング（Crossley 2004）・ガラス吹き（O'Connor 2007）・各種の武術および格闘技（Downey 2005; Sánchez-García and Spencer(eds.) 2013）がある。
ブルデュー的枠組みの外でも、同一的な社会的場に定位して上達を捉える試みがなされている。たとえば、生田久美子（一九八七、一九九五、二〇一一a・b）は、日本舞踊の「わざ」の習得のためには、舞踊を伝承する共同体すなわち「わざ世界」に固有の「間」を身体化することが不可欠であることを示した。[3] アメリカの教育学者であるジーン・レイヴとエティエンヌ・ウェンガー（Lave and Wenger 1991＝一九九三）は、西アフリカの仕立屋における徒弟制などを事例として、技能の学習が、社会的な生産活動の場である「実践共同体」に埋め込まれていることを示し、この共同体の周縁から中心に向かう漸進的な参加として学習を捉え直した。

同一的な社会的場における所与の身体化という枠組みはこれらの研究の蓄積をもたらしたものの、推手が作り出す異質性の場には、身体化されるべき社会的所与は認めることができない。第一に、この場は多様な流派に由来する身体技法が接触する場であって、特定の身体技法が所与として伝承される場ではない。第二に、この場には多様な流派に由来するハビトゥスが併存するので、この場に固有のハビトゥスが身体化されるべき所与として存在しているわけではない。第三に、この場の参加者はたえず変化するうえ、参加者どうしが協力して特定の技を教育することも、パフォーマンスや大会出場などの活動に携わることもないため、この場は生田やレイヴとウェンガーが描くような実践共同体としての輪郭を持たない。

このように、身体化されるべき社会的所与が存在しない場においてもなお可能な上達を、本章では、集合的に創造的な現象として捉えたい。これを具体的に描き出すために、京都・大阪・神戸でそれぞれ開催されている、三つの推手交流会を考察する。いずれの交流会も、特定の指導者を中心とする教室ではなく、参加者が対等の立場で推手を研鑽するための集まりである点、また、太極拳各流派のみならず、様々な武道武術の流派および格闘技種目に開かれている点で共通している。それぞれの集まりは、月に一度ずつ週末に公園で開催され、出席者は、少ないときで六名程度、多いときで二〇名程度である。[4] ほ

写真 1　京都の推手交流会（2019 年 9 月 15 日，著者撮影）

写真 2　大阪の推手交流会（2019 年 5 月 26 日，KA 撮影）

ぼ毎回出席する中心的メンバーが五名程度ずついるが、主として社会人の集まりであるため仕事の都合で欠席する場合もあり、また、飛び入り参加歓迎のため、毎回の顔ぶれは少しずつ異なっている。京都と大阪の集まりはそれぞれフェイスブックのページを持っているため、ページの案内を頼りに、東京や名古屋、時には海外から参加する者もある。

三つの推手交流会のうち、もっとも歴史が長いのは京都の河川敷の公園で開催される集まりで、一九九五年頃に始まった（写真1）。筆者は一九九七年頃に橋の上から練習を見かけ、はじめて飛び入りで参加して以来、二〇一九年現在に至るまで二〇年以上にわたって参加している。もっとも新しいのが大阪の交流会で、京都の交流会をモデルとして、二〇一九年春に最初の交流会が開かれたばかりである（写真2）。筆者は京都の交流会のメンバーの一人がリンクを貼っていたフェイスブックのページを通してその存在を知り、開始当初からこれに参加している。神戸の交流会の歴史は京都のそれに準ずるほど長いが、筆者は大阪の交流会を通してその存在を知ったため、はじめて参加したのは二〇一九年春になってからである。筆者は、三つの交流会のすべてに時間の許すかぎり参加しているが、筆者のほかにも、二つ以上の交流会を横断する参加者の数は増えつつある。

2　異質性の場における即興能力

社会学において、身体の即興能力を捉えた概念としてもっとも重要なのはハビトゥスである。しかし、注意すべきは、ハビトゥスが捉えているのは間身体的な即興能力一般ではなく、特定の社会的場にふさわしい振る舞いを生成するための即興能力だということである。このような即興能力と、推手交流会で求められている即興能力の違いを描き出すために、筆者がはじめて京都の推手交流会に参加したさいのエピソードを紹介したい〈5〉。

一九九七年三月に、筆者は当時通っていた大学近くの橋の上から、河川敷の公園で中国武術の套路と推手を練習している七、八人の集まりを見つけ、降りていった。それまで大学のサークルで二年間ほど太極拳を練習していた私にとって、推手がとりわけ目を引いた。行われていたのは、組み合った二人が自由に技を掛け合う推手（自由推手）で、負けた方が突き飛ばされたり、転倒したりするのが見えた。大学サークルで行われていた推手は、あらかじめ決められたいくつかのパターンにしたがって押し引きを繰り返す推手（約束推手）であったため、このような激しい推手を見たのははじめてだったのである。

最初に自由推手の手ほどきをしてくれたのは、太極拳教室を主宰している四〇代後半ぐらいの男性、SG先生であった。先生によれば、自由推手とはバランスを崩し合う「一種のゲームのようなもの」である。相手を押したり、引いたり、摑んだり、投げたりすることができるが、相手を突いたり、蹴ったりすることは許されていない。短い説明ののち、先生は右手を差し出して、私を片手だけの手合わせ（単推手）に誘ったのである。

右手首を接触させたのち、私が押すと、SG先生はじっくりと私の圧力を受けるように、少しずつ腕を引いた。先生は終始このように、私の動きに合わせて動きながら、いつの間にか私を圧倒していた。たとえば、私の押す動作を受けつつも、私の腕が伸びきりそうになったタイミングを見計らって、私が腕を引き戻す一瞬前に手首を軽く引いて私を前につんのめらせた。途中から両手を用いた手合わせ（双推手）に切り替えた後は、私の動作はいっそう巧みに利用されてしまった。私は、抵抗しようにも抵抗できない体勢に、いつの間にか追い込まれていたのである。

SG先生が容易に私に勝つことができたのは、私の動作のテンポを正確に読み取り、これを巧みに利用したためである。すなわち、私の動作の押し引きが転換しようとするタイミングを察知し、その一瞬前にわずかに介入することで動作の転換を妨げ、私がみずからバランスを崩すように仕向けたのである。このように、推手交流会において求められるのは、そのつどの相手に固有のテンポを知覚し、これに干渉することのできる動作を即興的に生み出す能力なのである。

他方で、ハビトゥスの即興能力については、ヴァカン（Wacquant 2004＝二〇一三）がシカゴのボクシングジムに生徒として参加し、みずからリングに立った経験にもとづき詳しく記述している。彼によれば、ボクサーになることは特定の傾向のセットを持つハビトゥスを身体化することであり、その傾向のひとつは「時間のなかの相手の動作に対する瞬間的な対応として、固定され相対的に限定された一揃いの動作の範囲内で創造すること」（Wacquant 2004: 84＝二〇一三：一四一）である。[6] 相手の動作に対する即興的対応という点で、ハビトゥスの即興能力は推手交流会で求められる即興能力に似ていることは確かである。

しかし、ヴァカンはハビトゥスの即興能力を、ボクシングのルールのもと行われるボクサーどうしの対戦——ジムの練習生どうしのスパーリングとアマチュア公式戦——においてしか考察していない。そのうえ、ヴァカンによれば、このような即興能力を備えたハビトゥスは、ボクシングジムにおいてのみ形成される。すなわち、ジムの空間にひしめきあうボクサーたちが一斉にトレーニングすることで集合的テンポが作り出され、ジムに参加した新人は、このテンポに無意識のうちに同調する。そうすることで、新人はボクシングという社会的場に固有の認知様式、すなわち、相手の動作の前兆をいちはやく察知する「ボクサーの目」（Wacquant 2004: 117＝二〇一三：一七四）を身に付け、相手の動作に即応できるハビトゥスを身体化するのである。

このように、ボクサーのハビトゥスを、ボクシングという社会的場に固有のものとして捉え、その形成をジムにおける集合的テンポへの同調によって説明するかぎり、このハビトゥスにはボクサー相手の即興能力しか認めることができない。それは、異なる流派や格闘技種目の相手のテンポに干渉し、その動作を挫くことのできる即興能力とは似て非なるものである。

もちろん、現実のボクサーが異種格闘技戦に出場したり、路上で暴漢に襲われたりしたときに、相手の攻撃にまったく対応できないことは考えにくい。問題は、現実のボクサーの即興能力にあるのではなく、ヴァカンによるその捉え方にある。異なる流派や種目の相手に対する即興能力を捉えるためには、ヴァカンが依拠するブルデュー的枠組みから距離を取り、特定の社会的場におけるハビトゥスの形成とは異なる方法で上達を捉えねばならないのである。

3　相手に合わせて動くこと

それでは、異質性の場としての推手交流会で求められる即興能力は、どのようにして向上させることができるのだろうか。その最初の手がかりを与えてくれたのは、ＳＧ先生である。前述の手合わせの途中で、先生は、力づくで押し合うのではなく、相手に合わせて動くことが必要だと教えてくれた。

そのための目安になるのが、接点の圧力である。接点の圧力が高すぎたなら、相手が突然力を抜いたときに前につんのめってしまう。逆に、圧力が低すぎたなら、相手との接点が離れてしまい、相手の動作をそれ以上感じられなくなってしまう。「自分勝手に」押したり引いたりするのではなく、「相手のことを考えて」接点の圧力をできるだけ一定に保ちながら動き、接点を外すことができない体勢に相手を追い込んだときにだけ、少し余計に圧力をかけてバランスを崩してやればよいのである。[7]

だが、相手に合わせて動くことはとても難しかった。とりわけ困難だったのは、相手が押してくるのに合わせて腕を引くことである。押されると、反射的に、押されまいとして腕に力を込めて踏ん張ってしまうのである。そして、この反射を抑えようとすれば、相手の押す速さとは関係なく一方的に腕を引いてしまい、接点が離れてしまう。腕の力を抜くことも意識したが、ただ腕の力を抜いただけでは、相手のなすがままに腕を押されて負けてしまうか、腕を肩からだらりとぶら下げることしかできない。

必要なのは、手首で知覚した圧力の変化を即座に腕の動作にフィードバックさせることで、力の抜き加減と動作の方向をたえず調整することである。そのため、相手に合わせた動作とは、言葉の上では受動的な動作でしかないが、実際は、高度にコントロールされた能動的な動作なのである。

このような動作は、私がそれまでにまったく行ったことがないものであった。これは、日常的場面において、誰かに手を引いて上体を起こしてもらったり、腕を引いて道案内をしてもらったりするときの動作とはまったく異なっている。これらの動作も、相手の動作に合わせようとする能動性を持つことは確かだが、推手において相手に合わせる動作と比べれば、わずかな能動性にすぎない。なぜなら、日常的に誰かの手を引いたり、引かれたりするときは、相手の手や腕をしっかり握った状態で行うためである。握ることで接点が固定されているとき、この接点を通して伝達された相手の力につられて受動的に動くだけで、動作を相手に合わせることができる。

それに対し、推手では接点が固定されず、ただ皮膚が接触しているだけであるため、相手の力は伝わりにくい。相手が腕をまっすぐ押すだけならば力が伝わってくるが、相手が少しでも斜め方向に押してきたなら接点はすべって外れてしまう。ましてや、相手が腕を引いたときは、素早く対応しなければ一瞬で接点が失われてしまう。押されたときも引かれたときも相手に追随し接点を維持しつづけるためには、皮膚表面における圧力や摩擦の変化を敏感に察知したうえで、腕を能動的にコントロールすることが必要なのである。

このような能動的なコントロールのためには、自分の姿勢を維持することが欠かせない。すなわち、胴体をほぼ直立した状態に維持し、多少前傾する場合でも、重心は両足の間に落ちるように維持することが必要なのである。前傾しすぎると、重心が前に出すぎて、相手に潜在的にもたれかかった状態になってしまう。このとき、相手を押すことは容易にできるが、相手が押すのに合わせて腕を引くことは困難になる。反対に、後傾して重心が後ろに移動しすぎると、相手に潜在的にぶらさがった状態になり、相手を引くことは容易にできるが、相手が引くのに合わせて押すことは困難になってしまう。〔8〕いずれの場合も、腕に頼ることで姿勢を維持しているため、腕を能動的にコントロールすることはおぼつかないのである。

相手に合わせて動く能力を、私は、京都の推手交流会のみならず、様々な場での手合わせを通じて徐々に高めることができた〈9〉。その結果、両腕の具体的な動作をほとんど意識せずとも相手に合わせて自然に動き、接点を維持しつづけることができるようになった。このとき、あたかも自分の両腕と相手の両腕が、接点で糊付けされて一体となり、この糊付けされた両腕を、自分の背骨の支えと下腹部の重さでコントロールしているような感覚がある。

4 接点を維持することの意義

相手に合わせて動くことができるようになるとともに、相手との接点を維持することの意義がわかってきた。それは、たんに推手というゲームを成立させるためのみならず、このゲームを通して普遍的な即興能力を養成するためなのである。

第一に、接点を維持することで相手の動作を素早く正確に知覚できる。接点で触覚的に知覚される圧力や摩擦が手がかりになるのはもちろんであるが、それにもまして重要なのが、接触がもたらす身体全体の感覚である。たとえば、相手に腕を押されたときの圧力は、腕の皮膚表面で知覚されるのみならず、腕を支える全身の筋肉の抵抗感としても感じられる。くわえて、足裏の感覚の変化も、相手からの圧力を感じ取るうえで重要である。前方に踏み出した足にかかる圧力が減り、後方の足にかかる圧力が増えると同時に、それぞれの足にかかる圧力が踵の方向に移動するのである。接触部位における触覚のみならず、これらの多様な感覚的手がかりを通して、目に見える動作として実現される以前の、相手の動作のかすかな前兆や、相手の身体の力みやこわばり、相手の重心の変化などを知ることができる。

接点を維持することの第二の利点は、知覚された相手の動作に働きかけ、これを利用することが容易になる点である。身体とりわけ両腕は、相手の動作を知覚するためのセンサー（入力器）であると同時に、相手の動作に働きかけるためのアクチュエーター（出力器）でもあるため、接点が維持されることで、これら二つの機能が同時に発揮される。まず、自分の腕が相手の腕に接触しているだけで、相手の腕を「チェックした」状態になり、相手の攻撃に応じた瞬間的な対応が可能になる。たとえば、接点に圧力を感知してすぐに、接点を垂直方向に押さえつけることで相手の攻撃を防ぐことができる。あるいは、相手の攻撃に合わせて腕を引きつつ、接点を水平方向に（皮膚表面と平行に）ずらすことで、相手が不利になる方向に動作を導くことができる。

このように、接点を維持することで、相手の動作の正確な知覚と即興的な利用が容易になる。もちろん、こうした接点の恩恵は自分のみならず、相手も受けることができるため、恩恵は不利益と表裏一体である。すなわち、接点が維持されていると、自分の動作が相手に知覚されやすく、利用されやすくなってしまうのである。そのため、単純に相手に勝つことだけが目的ならば、接点を維持することが必ずしも有益なわけではない。相手の動作を即興的に利用して勝つという特殊な勝ち方を求めるために、自分の動作を即興的に利用されて負けるという特殊な負け方のリスクを冒そうとするときにこそ、接点を維持することは有益なのである。推手とは、このような関心を共有する相手どうしが、接点を維持しようと努めることで成立する、即興能力の養成に特化した練習方法であるといえる。

5　身体の個性どうしの研鑽

即興能力を発揮するためには相手に合わせて動かねばならないため、相手の動き方に応じて即興的な対応のしやすさは異なる。相手の動き方には、各自の修練する流派や種目の特性が反映されているのはもちろんであるが、それだけではない。同じ流派であっても、一人ひとりの得意技や戦術は異なり、推手を行うにあたっての関心も異なっている。のみならず、身体の大きさや筋肉のつき方に由来する動作の傾向や、無意識的に表出してしまう身体の癖もある。〈10〉これらの多様な要因を総合したものが、推手という身体的コミュニケーションを通して、いわば「身体の個性」として知覚されるのである。相手の身体の個性に合わせて動くことの事例をいくつか紹介したい。

京都の交流会のGBさん（太極拳—以下、括弧内は主に修練する武術）は、身長が二メートル近くあり、腕も長い。そのため、GBさんと手合わせするときは、自分が相手の懐に入り込み、両腕で包囲された形になりやすい。このような場合、首の後ろに手を掛けられたり、背後から肩を取られたりしないように、自分の頭や肩の横や背後まで伸びる相手の腕をチェックしつつ相手の胴体を狙わなければならない。

京都の交流会のMBさん（太極拳）と大阪の交流会のSZさん（少林寺拳法）は、身長は筆者とほぼ同じであるが、筆者が痩せ型であるのに対して、堂々たる体軀である。押し合いになると負けてしまうので、相手が腕に力を入れることのできる体勢にならぬように極力軽い力で合わせ続け、自分だけが力を入れることのできる機会を待たねばならない。

大阪の交流会のＯＮさん（総合格闘技）は、通常は打撃を含む訓練をしており上半身がボクサーのように発達しているが、推手ではあえて身体を柔らかく使うことを意識した動作をしている。ＯＮさんと手合わせするときは、腕の動作よりも肩や胸の動作を使って相手の攻撃をさばき合うことになるため、接近戦になりがちであり、ときには、相手との距離が三〇センチメートルほどの近距離になることもある。

京都の交流会のＩＷさん（太極拳）とＯＫさん（太極拳）、大阪の交流会のＫＡさん（八極拳）は、足腰と体幹が強く、両腕を相手の脇に差し込んで下からすくい上げる技が得意である。いったん両腕を差し込まれるとまず逃げられないので、両肩の力をできるだけ抜いて、肘を使って脇を守らねばならない。このとき、相手との接点は、手首ではなく前腕の肘に近い部分で作ることになるため、肩と胸を柔軟に使った接近戦を強いられる。

京都の交流会のＡＹさん（意拳）は、相手の両腕を瞬間的に動かなくしてから、これに力を加えて相手を後ろに跳ね飛ばす技が得意である。こちらの両腕が動かなくなるのは、ＡＹさんが巧みに乗せてきた両腕の重さを、こちらの両腕で思わず支えてしまうためである。そのため、相手の腕からのわずかな圧力でもすぐに下に逃がせるように、両腕を瞬間的に脱力できる状態を維持しつつ相手に合わせることが必要である。

神戸の交流会のＭＵさん（太極拳）は、太極拳推手の伝統的パターンのひとつである四正推手が得意である。ＭＵさんが両腕を一定のパターンで回転させるのに合わせるだけなので、一見すると自由推手より簡単そうだが、こちらに少しでも隙があれば腕を差し込まれて簡単に崩されてしまう。そのため、身体をたえず真正面に向けること、両手首を適切なタイミングで返すこと、下腹部と両腕の力のつながりを維持することなど、動作の正確性を期しつつ相手に合わせねばならない。

京都の交流会のSG先生（太極拳）は、私に推手の手ほどきをしてくれた二〇年前と変わらず、詰め将棋のようにゆっくり戦略的に動き、相手をいつの間にか追い詰めてしまう。相手に覚られないように押したり、相手を居着かせ動けなくしたりする戦術も得意である。上手いだけでなく、手合わせの後で自分の使った戦略戦術をわかりやすく説明してくれることも多いので、皆から一目置かれている。SG先生と手合わせするときは、先生に合わせてゆっくりと丁寧に動きつつ、戦略戦術の意図をいちはやく察知して対抗することを心掛けている。

このように、推手交流会において相手に合わせて動くことは、流派や種目によって社会化されただけの身体に合わせることではなく、社会的な同一性には回収できない多様な差異が特徴づける身体に合わせることである。身体の個性のこうした多様性ゆえに、相手に合わせて動くことは、相手ごとに固有の難しさがある。そして、これらの困難を克服するたびに、多様な相手に対する即興能力が向上してゆくのである。

6　社会的上達から集合的上達へ

推手交流会における上達、すなわち、多様な相手に対する即興能力の向上は、同一的な社会的場における所与――身体技法であれ、ハビトゥスであれ、テンポであれ――の身体化とはまったく異なる種類の上達であった。それは、推手交流会という異質性の場に集合した、多様な身体の個性を持つ相手の動作に合わせる能力の向上としての上達だったのである。このように、異質な身体が集合し、相互に揉み合うことでもたらされる上達は、いかなる社会的所与の身体化でもありえないため、本質的に創造的である。

　このような上達は、推手という特殊な活動だけに見られるのではない。たとえば、人づきあいを重ねて「世間慣れ」するという現象がある。「世間」が同一的な社会的場であると仮定したならば、「世間慣れ」とはこの場が形成するハビトゥスの身体化であることになる。しかし、「渡る世間」という言葉に窺えるように、「世間」とは多様な相手よりなる異質性の場として理解されている。この場において揉まれることでもたらされる変化が「世間慣れ」ならば、それは集合的創造性の産物にほかならない。

　同様に、仕事で「場数を踏む」ことも、すべての現場で必要とされる本質的な技能の習得という、一回限りの変化ではない。むしろ、様々な現場で経験を積み、求められた仕事を成し遂げるたびに更新される変化のはずである。このような創造的変化は、「わざ世界」や実践共同体のような同一的所与としての社会的場への可塑的な身体の参加としてではなく、異質性の場における個性的な身体の集合として記述されねばならない。

　本章における推手交流会の検討が、このように身近であるにもかかわらず社会学が見過ごしてきた異質性の場における上達という現象を、集合的創造性として考察するための一助になることを願って結びとしたい。

謝辞・付記

本章のための調査にあたり、京都・大阪・神戸の推手交流会の参加者のみなさんには大変お世話になりました。ここに記して感謝いたします。

本研究はJSPS 科研費基盤研究(A)（23242006, 15H01866）および若手研究(B)（17730305, 25780326）の助成を受けたものです。

注

〈1〉様々な流派に開かれた交流の場において練習される推手のほかにも、太極拳各流派に固有の修練の一環として練習される伝統推手、制定されたルールのもとでスポーツ競技として行われる競技推手がある。後者については、一九九〇年代半ばより中国大陸および台湾で大会が開催されており、国内では、二〇一七年に全日本競技推手連盟が発足し、同年、第一回全日本競技推手選手権大会が開催された（全日本競技推手連盟 二〇一九）。

〈2〉モースの身体技法の概念について、本文では、これをもっぱら社会的に伝承された形式と見なす一般的な理解を踏襲したが、モースのテクストからは、この概念が社会的な伝承性と、普遍的な効率性（有効性）の緊張関係を捉えたものであることが読み取れる。詳しくは、倉島（二〇〇七、二〇一〇、二〇一八）およびKurashima（2018）を参照。

〈3〉生田（二〇一一 a・b）は、同一的な社会的場としての「わざ世界」よりもむしろ、「わざ」の教授のさいに用いられる比喩的言語である「わざ言語」に焦点を当てている。そうすることで、「わざ世界」への参加という枠組みのもとでは見えてこない、「わざ」を習得した境位そのものの理論的および実証的分析が可能になるためである。

〈4〉雨の日は公園の近くの橋の下（京都）ないし高速道路の高架の下（大阪・神戸）に場所を変えて練習するが、出席者は少なめである。

〈5〉京都の推手講習会について、詳しくは倉島（二〇〇七）を参照。

〈6〉引用文は、原著をもとに邦訳書の内容を適宜変更してある。

〈7〉接点の圧力を一定に保つ感覚については、様々な「わざ言語」（生田 一九八七、一九九五、二〇一一a・b）を用いた指導が行われる。SG先生は本文中で取り上げたのとは別の機会に、「相手との接点に薄い紙が一枚はさまっていると思って、その紙を破らないように、しかも、落とさないように動く」と表現していた。また、二〇〇六年夏に上海のある公園で自由推手の交流会に参加したときは、「不頂不丟（buding budiu）」つまり「（接点で）ぶつからず、（接点を）失わず」という表現が用いられていた。

〈8〉「潜在的にもたれかかった状態」とは、一般的にいう「もたれかかった状態」のように、相手の胴体に自分の胴体を直接接触させて体重を預けていないためである。相手と自分の胴体は両者の腕で隔てられており、また、腕に全体重がかかっているわけでもないが、にもかかわらず、過度に前傾するだけで、相手にもたれかかった状態に準ずるほど、腕の自由は制約されるのである。「潜在的にぶらさがった状態」も、過度の後傾により、相手にぶらさがった状態に準ずるほど腕の自由が制約されることをいう。

〈9〉筆者が自由推手を行う機会は、当初はもっぱら京都の推手交流会だけであったが、徐々に拡大していった。具体的には、京都の推手交流会で出会ったKM先生の主催する太極拳教室S流（一九九九〜二〇〇六）、上海の公園（二〇〇六）、マンチェスターのC太極拳センター（二〇〇七〜二〇〇九）、パリの公園（二〇一八〜二〇一九）、大阪および神戸の推手交流会（二〇一九）である。

〈10〉無意識的な身体の癖の代表的なものは、押されたときに反射的に押し返してしまう癖である。筆者が当初そうであったように、初心者の大半にこの癖が認められる。このような癖に由来する不随意的運動は、メルロ＝

ポンティのいう「生きられた身体（corps vécu）」に先行する「生ける身体（corps vivant）」の表出すなわち「エメルジオン（émersion）」として概念化することができる（Andrieu and Kurashima 2018; Kurashima 2020）。

文献

Andrieu, B. and A. Kurashima, 2018, "The Body Behind the Spectacle: Capturing Emersion of the Living Body of Circus Performers." 『スポーツ社会学研究』二六(二)、二五-三八頁。（=二〇一八「スペクタクルの背後の身体――サーカス・パフォーマーの生ける身体のエメルジオンを捉える」倉島哲訳、『スポーツ社会学研究』二六(二)、三九-五三頁）

Bourdieu, P., 1977, *Outline of a Theory of Practice*, Cambridge University Press. https://doi.org/10.1017/CBO9780511812507

Crossley, N., 2004, "The Circuit Trainer's Habitus: Reflexive Body Techniques and the Sociality of the Workout", *Body & Society* 10(1): 37-69. https://doi.org/10.1177/1357034X04041760

Downey, G., 2005, *Learning Capoeira: Lessons in Cunning from an Afro-Brazilian Art*, Oxford University Press.

生田久美子　一九八七『「わざ」から知る』東京大学出版会。

――　一九九五「「わざから知る」その後」福島真人編『身体の構築学――社会的学習過程としての身体技法』ひつじ書房、四一五-四五六頁。

――　二〇一一a「はじめに――わざ言語と学び」生田久美子・北村勝朗編『わざ言語――感覚の共有を通しての「学び」へ』慶應義塾大学出版会、i-vii頁。

――　二〇一一b「「わざ」の伝承は何を目指すのか――Task か Achievement か」生田久美子・北村勝朗編著

『わざ言語——感覚の共有を通しての「学び」へ』慶應義塾大学出版会、三-三一頁。
倉島哲　二〇〇七『身体技法と社会学的認識』世界思想社。
———　二〇一〇「身体技法とハビトゥス」井上俊・伊藤公雄編『社会学ベーシックス8　身体・セクシュアリティ・スポーツ』世界思想社、三-一二頁。
———　二〇一八「モース「身体技法論」における負の感情の抑制」『身心変容技法研究』8、九四-一〇〇頁。（科研基盤研究（A）「身心変容技法と霊的暴力——宗教経験における負の感情の浄化のワザに関する総合的研究」年報）
Kurashima, A., 2018,“L'hétérogénéité du corps: l'apport de la transculturalité de Marcel Mauss pour le tai chi traditionnel”, *Figure de l'art* 35 (le devenir-cyborg du monde): 117–137, Presses universitaires de Pau et des Pays de l'Adour.
Kurashima, A., 2020, “Emersion in Tai Chi Form Training”, in B. Andrieu (ed.), *Manuel d'émersiologie*, Éditions Mimésis, pp. 139–160.
Lave, J. and E. Wenger, 1991, *Situated Learning: A Legitimate peripheral participation*, Cambridge University Press.（＝一九九三『状況に埋め込まれた学習——正統的周辺参加』佐伯胖訳、福島真人解説、産業図書）
Mauss, M., 1950, 1968, *Sociologie et Anthropologie*, Presses Universitaires de France.（＝一九七六『社会学と人類学Ⅱ』有路亨・山口俊夫訳、弘文堂）
O'Connor, E., 2007, “Embodied Knowledge in Glassblowing: The Experience of Meaning and the Struggle towards Proficiency”, in C. Shilling (ed.), *Embodying Sociology: Retrospect, Progress and Prospects*, Blackwell, pp. 126–141.
Sánchez-García, R. and D. C. Spencer (eds.), 2013, *Fighting Scholars: Habitus and Ethnographies of Martial Arts and Combat Sports* (Key issues in modern sociology), Anthem Press.

Wacquant, L., 2004, *Body & Soul: Notebooks of an Apprentice Boxer*, Oxford University Press.（＝二〇一三『ボディ＆ソウル――ある社会学者のボクシング・エスノグラフィー』田中研之輔・倉島哲・石岡丈昇訳、新曜社）
全日本競技推手連盟　二〇一九「競技推手とは」全日本競技推手連盟 HP, Retrieved from https://tuishou.jp/what-is-kyougisuishu/

第5章　北海道の木彫り熊ブームを支えたもの

坂部晶子

1　先住民と入植者／芸術と生活のはざま

「木彫り熊」の再評価

北海道の木彫り熊は、北海道旅行の土産物として著名な工芸品である。木彫り熊の作成は（現在判明している範囲では）大正末期から始まり、戦争による停滞をはさんで、戦後の北海道旅行ブームにのって一九七〇年代から八〇年代くらいに最盛期を迎えたが、現在でも作り続けられている。地域を代表するモノとして有名であるだけでなく、アイヌの民族文化や習俗の観光化とも結びついて、北海道をイメージする物産として流通してきた。

土産物としての木彫り熊ブームは一段落しているが、工芸品や作品としての木彫り熊やその歴史への関心は一部で高まっているといえる。たとえば、二〇一四年には北海道の渡島半島にある八雲町の郷土資料館に「八雲町木彫り熊資料館」が開館し、八雲町で行われていた木彫り熊制作の歴史を精力的に解明し、また各種の残された木彫り熊の収集も行っている。〈1〉北海道中央の旭川市では、民間の有志によって「木彫り熊を愛する会（木彫り熊愛好倶楽部）」が作られ、「キムンカムイ」というニュースレターを発行し、主に旭川周辺の木彫り熊の歴史や伝承などを伝えている。〈2〉「手彫りで一つひとつ彫られた八雲の木彫り熊について、より多くの方にしってもらいたい」と自己紹介し、〈3〉木彫り熊をモチーフにしたTシャツや手ぬぐいを製作販売している「東京９０３会（くまさんかい）」という団体も活動しているし、道内では精力的に木彫り熊を収集しているコレクターも何人もいるという。こうした木彫り熊への注目が、なぜ今生み出されているのだろうか。道東の知床半島に住む漁師で、ここ数年木彫り熊を収集し始めた四〇代のコレクターに話を聞くと、「なぜなんだと思います？」と逆に問い返される。そこには、やむにやまれぬ衝動があるように感じられる。

木彫り熊の作成やブームについての全般的な研究はほとんどないが、その作成の草創期の導入の経緯についての研究や、アイヌの生活史の一部としての記述、さらにアイヌの工芸品や芸術として彫刻作品の一部として提示される美術展や写真集などの資料、収集家によるコレクションの写真集等の資料などの成果はいくつか出されている。〈4〉現在、土産物としての販売は最盛期を過ぎているが、北海道内における作品としての木彫り熊収集を行っている人や骨董屋、また最盛期の制作や販売の様子を知る当事者や経験者たちへのインタビューを行った。こうした状況から、木彫り熊が再評価されていくときの位置づけについて本章で取りあげてみたい特徴として、以下の二点がある。第一に、それらの作品が工芸品と芸術との狭間におかれるという性質であり、また第二に、北海道開拓者としての和人入植者と先住民としてのアイヌの両者が作成に関与し、北海道開発の進展と相まって展開していく歴史的経緯である。

一点目として、柳宗悦らによる民芸運動は、明治期以降の日本の近代化のなかで芸術品としての基準からは見落とされてきた日常の中にある民衆による美術工芸を再評価してきた。木彫り熊は、伝統的な芸術や習俗ではないが、北海道の近代における開発、入植の過程で新たに作り出された工芸品であり、民芸品であるといえる。〈5〉またそこから少数の名前の知られた作家も輩出しており、現代では一種のアートとしても再評価されてきている。

この民衆工芸としての展開は、二点目の和人による北海道入植とアイヌとのかかわりとも関連している。近代以降、日本の統治下におかれることによってアイヌの生活領域は剝奪されていくが、開拓の当事者である和人入植者にとっても、またその被害者であるアイヌにとっても、木彫り熊は生活を支える重要な手段の一つであった時期がある。本章では、この木彫り熊にかんする社会史を概観し、日本の近代化において周縁部分としてとりこまれるなかで、地域の表象として屹立した地域工芸品の成立と隆盛についてそのダイナミズムを分析してみたい。

集合的創造性の基盤

北海道の木彫り熊をとりあげる意味を、本書のテーマである集合的創造性の文脈にひきつけていえば、以下のように考えられるだろう。人類学において「創造性」概念をとりあげた論文集 *Creativity/Anthropology* では、卓越した能力のある個人ではなく、「ある文化を内部から変換することができる」人物をクリエイティブな個人とし、ある文化や習慣を「ある共同体やその構成員のいく人かが価値があるとおもう、そういうような仕方で変えていく、人間の活動」を創造性としている（Lavie, Narayan, and

Rosaldo (eds.) 1993)。以前、わたしはこの創造性をある社会の文化的習慣や規範の中で生きる主体による変革の可能性として解釈したが(坂部 一九九四)、ここでいう創造性は、実際の表象化にさいして個人をとおしてあらわれることはあっても、習慣の成立が集合的なものであることからすれば、それは本来的に集合的なものとしてある。一方、集合的創造性を前面にだして太平洋上の島ラロトンガ島における芸術作品の興隆を分析した著作 *Collective Creativity* では、創造性の発露をより社会的領域、社会的ネットワークのなかでとらえようとしている (Giuffre 2016)。前者では、フィールドとなった小コミュニティ内部の集合性が重視されるのにたいして、後者では、当該社会をとりまく外部世界までも含めて対象化されているといえよう。

西洋美術の系譜において大まかにいえば、一九世紀後半、植民地主義の拡大のなかで、西洋世界が出会った未知の社会の美術品や物産が、万国博覧会などを通して紹介され、プリミティブアートとして受容された。そこでは西洋美術とは異質なものに魅了されるというのと同時に、西洋の視点から「珍しくエキゾチックなもの」として評価されたということである。それに対して、文化人類学とアートとの関係性について述べた緒方しらべの研究によれば、二〇世紀の文化人類学のなかでは、現地の人びとにとってのアートの意味を記述し、西洋世界の側のアートを見出し評価する視点を相対化する試みが行われてきている。しかしまた、アートという概念自体も西洋近代の産物であり、それらの作品やモノは美術館や博物館で分類、展示され、また売買されるマーケットが成立しており、アートをめぐる制度も存在しているという(緒方 二〇一七)。現代世界において、民族芸術や工芸品は、かつての植民地と宗主国との関係性、あるいは当該社会の少数民族とマジョリティという関係性のなかに、さらには先進国が主導するグローバル・マーケットのなかにおかれている。アフリカ、ナイジェリアの都市イレ・イフェのアートを、現地のアーティストたちの視点と生活世界から調査した緒方は、彼らが西洋近代のアート世界と密接に繋がりながら、そこから抜け落ちたアートのあり方も存在すると指摘している（緒方 二〇一七：二八八）。

創造性を新たな芸術作品を生み出す個人的能力としてだけではなく、人びとの日常生活のなかで作為であれ無作為であれ積み重ねられてきた試みが生み出す社会変容の可能性の一端としてとらえるならば、木彫り熊が形象化され日本中で知られる著名な地域産品となっていったという現象は、こうした集合的創造性の基盤を考えるための有効な示唆をもたらすと考える。

2 起源への眼差し

木彫り熊は「北海道の土産物」「アイヌの民芸品」として知られているが、制作の具体的状況については不明な点が多い。土産物ということで、作品に実作者の署名がある場合はごく少数で、具体的制作者についても著名な作り手を除いてどのような人がおり、どのぐらいの人数がいたのか、また最盛期における制作個数などもはっきりとはわかっていない。木彫り熊が作られるようになった起源についても現在掘り起こしが進んでいる段階であるが、以下の二説がある。一つは、北海道八雲町の開拓農場で、尾張徳川家当主が伝えたスイスのペザントアート（農村芸術）の木彫り熊をまねて作られるようになったというものである。もう一つは、アイヌの人びとは生活や祭事の器具を小刀で彫り、装飾もつけていた。旭川のアイヌ集落で作られるようになった木彫り熊はそれらが発展したものと考えられるとする説である。こうした起源への眼差しは、現在の木彫り熊再評価ともかかわっている。

八雲の木彫り熊

八雲町は、一八七八（明治一一）年、廃藩と同時に職を失った元尾張藩士たちが、北海道開拓のために入植した場所である。尾張徳川家第一九代当主・徳川義親〈6〉は八雲の農場を頻繁に視察に訪れ、また周囲のアイヌとともに熊送りや熊狩りなども行っていた。また大学時代には木曽の林業を支えた集落についての歴史研究を行い、近代化に伴う農村の変容についても関心をもっていた（大石 一九九一）。一九二一～二二（大正一〇～一一）年にかけて、義親がヨーロッパ旅行をしていた途上、スイスで「農村芸術（peasant art）」として木彫り熊を含めた工芸品を購入し、冬の長い北海道の農閑期農村での副業として、さまざまな工芸品のモデルを持ち込んだという。一九二四（大正一三）年には、徳川農場が主催した「第一回農村美術工芸品評会」が八雲小学校で開かれ、八雲町だけで八〇〇点以上が出品された。このときの作品は、木細工品や藁細工品、染色、編物、竹細工品などが多く、木彫品は二一点であったという（大石 一九九〇：二六四）。徳川農場では同様の品評会を三年ほど続け、一九二八年に農村美術研究会を発足、また農場内で熊の飼育も始めた。

八雲で作られた木彫り熊を含む木彫工芸品は、当初、尾張徳川家に買い上げられ、当時の貴族などの贈答品ともなったという。義親の事績を丹念に跡付けた大石の研究によれば、徳川義親は工芸品のモデルとなる木彫作品や制作道具などを農場へ送ったり、品評会などの出品作品に講評をつけたりなど、農村の生活に美術や文化を導入し、農民が自立して副業を行えるように心を砕いた（大石 一九九二）。そうしたなかで、八雲の農村美術を代表する産品は、しだいに木彫りの熊に収斂していったのである。八雲で木彫り熊の制作が始まったのは、大正末期、関東大震災で東京が壊滅的被害を受け、そこからまったく新しい都市計画と近代化へと進んでいき、また政治的には治安維持法が制定され普通選挙が開始されるといった新たな社会変容の時代であった。こうした時代背景のなかで、木彫り熊は、北海道の片隅の農村で徳川義親の旧藩士であった入植者たちへの啓蒙主義とそれに熱心に応えようとした作り手たちの連携によって生み出されてきたといえよう。

写真１　八雲のカット彫（倉澤皆子撮影）

八雲の木彫り熊は、主として入植した和人によって彫られている。農場内で飼われていたヒグマがモデルとなっており、形象としては丸みを帯びた形をしている。また日本画家を講師としていたことから、毛彫りを繊細に行うようになり、その彫り方にも特徴がある（上原編 二〇一七）。毛彫りの仕方として、背の肩の辺りから四方に向けて毛並みを彫り上げる菊花彫で彫られることが多い。また昭和初期には、具体的な形象を彫り上げることなく、カットした面だけで構成された熊の造型も行われた。八雲の熊は、戦前の一時期、焼き印を入れたかたちでのブランドとして商品化されていた時期がある。戦争中には資材不足や時節の影響で作り手は減り、戦後には徳川農場が閉場することによって、組織的な取り組みはなくなっていく。しかしごく少数、戦前から熊彫を続けた作家たちがおり、戦後の次世代にも少数だが継承されている。近年では、面取りのかたちで熊を表した技法による作品（写真1）や、戦前から長期間制作を続けた柴崎重行の作品、あるいは戦後の第二世代である引間二郎らの作品などがコレクターや骨董商などで高く評価されている。〈7〉

旭川の木彫り熊

旭川の木彫り熊は、旭川近郊のアイヌ集落である近文《ちかぶみ》の住人であった松井梅太郎が、一九二六（大正一五）年に作成し始めたといわれる。「松井梅太郎は、幼少から熊狩りをしており、一〇〇頭以上をしとめた。大正一五年二六歳のときに、熊と格闘して命拾いをした後に、熊彫りを始めた」（金倉 二〇〇六：三八八-三八九）というのが一種の定説となっている。

旭川は道央に位置する。北海道の開拓と防衛を兼ねて設置された屯田兵を母体とし、一八九六（明治二九）年に編成された日本陸軍第七師団の駐屯地として発展した。現在も第七師団の資料を展示する北鎮記念館が自衛隊旭川駐屯地に隣接してある。旭川の地図をみると、鉄道の駅から街が形成され、そのすぐ奥に第七師団があり、脇にアイヌが立ち退き後に集住させられた近文の集落がある。和人よりも古くから北海道の住人であったアイヌたちは一九二五年ごろ道内で一万五〇〇〇人ほどだったというが、近代の開発のなかで従来の狩猟生活の基盤であった森や河を追われ、困窮していた（金倉 二〇〇六：二）。

この当時のアイヌ集落への移住の過程を、旭川の郷土史として調べた金倉の研究からみておこう（金倉 二〇〇六）。旭川のある上川盆地では、一八八七（明治二〇）年、札幌—旭川間の上川道路が開設される。一八八九年には旭川から網走までの北見道路の建設が開始される。これらの道路は囚人道路とも呼ばれ、開発地での労働力として樺戸《かばと》や空知《そらち》監獄の囚人が建設に充てられた。それにともない多くの入植者や屯田兵が流入し、森や平原が農地化され、この地域の自然環境のもとで生活していたアイヌのコタンでは従来の生活ができなくなっていった。アイヌの人びとは、ほかには生活の仕方がないことによって割渡し地として配分された近文に集まってくるようになったのである（金倉 二〇〇六）。

一八九八（明治三一）年に旭川駅が開通し、翌一八九九年に、陸軍第七師団が旭川に建設され始める。同一八九九年に制定された「北海道旧土人保護法」では、北海道の開拓や入植にからんで原野を追い出されたアイヌたちに近文の土地が与えられたはずであった。しかし、旭川近文のアイヌ集住地は、北海道庁により「給与予定地」とされ、土地の詐取事件など争いが続くことになった。北海道の開発が進められるなかで、アイヌ迫害も続いていたが、アイヌの人びと自身によって、熊祭の興行や差別への反対運動など、さまざまな自立への取り組みも行われていた（金倉 二〇〇六）。木彫り熊の制作もその一つとして考えられよう。金倉はアイヌ集落の古老である荒井源次郎の言葉として、以下の文章をとりあげている。

種族の繁栄をもたらすにはこの熊彫りが一番恰好だということで、梅太郎さんの彫った熊はすぐコタンの話題になった。（……）コタンの人々は早速、松井梅太郎さんに弟子入り。希望者が殺到し熊彫りに専念したが、ウタリ一般たちの作品が「豚熊鰐熊」から本物の熊らしくなったのは昭和七、八年から同一〇年頃であったと思われる。〈8〉（荒井著、加藤編 一九九二：八二–八三）

ここで言及されている「ぶた熊」「わに熊」という表現は、旭川で木彫り熊の調査をしているとしばしば語られる言葉である。アイヌの伝統的な祭事の器具などには、動物の彫り物が施されることがある。近代美術のなかで追求される具象的彫刻ではなく、装飾として彫られたそれら小さな熊をその形状からこう呼んでいる。こうした「ぶた熊」「わに熊」のような伝統的な造形を木彫り熊の出発点ととらえるのが、木彫り熊の旭川発祥説である。[9] 戦後の最盛期に木彫り熊の制作者が北海道全体でどのくらいいたかはっきりとはわからないが、旭川が拠点の一つであったことは間違いない。その出発点はアイヌ集落での生業の道の探求にあったといえる。

3 木彫り熊が土産物として一般化するまで

プロデューサーとしての土産物屋

前節では、八雲と旭川のそれぞれの地域にたいする研究状況を踏まえながら、木彫り熊の二つの起源説を紹介したが、本章の目的は起源の探求にあるのではなく、そうした関心のもたれ方にある。大正末期から昭和初期にかけて、北海道の開発は進み、地域での生活様式が整備されていく時代に、開発や開拓の前線にある農民やそれらの流入によって生活領域を奪われた先住民たちが生活の支えとして熊彫りを始めていく。木彫り熊は、現在の生活の基盤となる生業や地域のかたちができていく時代から現代までを繋ぐモノとしてあり、そのことが木彫り熊の起源と通時的な展開への関心を支えているのではないだろうか。

土産物や贈答品として作られるようになった木彫り熊であるが、それらが一定の生産量をもつためには、生産と販売を繋ぐ領域が必要となる。八雲の場合、初期にはその役割を徳川農場が果たしていた。旭川の場合は、土産物屋がそれに該当するだろう。旭川の土産物屋は古く、第七師団設置のころからあり、その店頭では民芸品の実演販売もしていたという。一九二六（大正一五）年、近文アイヌ集落の入り口近くに佐々木豊栄堂という店が開業する。最初期は、熊ではなく、衣紋掛や花ゴザ、くさりつきの箸などのアイヌ細工などが売られていた（金倉 二〇〇六：四〇四）。佐々木豊栄堂の店主はアイヌの子弟が通った豊栄尋常小学校の校長もしていた人物であり、アイヌの生活の助けとなるよう、「ぶた熊」や「わに熊」などでもアイヌの細工品を買いとって販売していたのだという[10]（金倉 二〇〇六：四〇七）。

昭和一〇年代には、木彫り熊は北海道の土産物としてそれなりに著名になっていた。旭川の近文でもかなりの数の彫り手がいて、彼ら自身による組合なども組織されていたようである。また戦後も、こうした木彫り熊の生産から販売への仲介をする組織としては、土産物屋の存在が大きい。木彫り熊だけには限られないが、ほっかい民芸社やトミヤ澤田商店など、旭川の店ではアイヌ関係の工芸品の商品化に熱心であった。

現在でも旭川だけでなく、阿寒湖、二風谷などの観光地には土産物屋が何軒も連なっている。木彫りの工房と一緒になっている店もいくつもある。土産物屋にはいくつかのタイプがある。一つは、製品を仕入れてきて販売することが中心の店であり、もう一つは、旭川のトミヤ澤田商店などのように、自社で工場をもっていた店である。トミヤ澤田商店で工場長をしていた方に話をうかがうと、昭和四〇年代後半がもっとも景気がよかったという。トミヤの工場には五〇人くらいの職人がいて、そのうち熊彫り

写真２　藤戸竹喜のアイヌ女性像
（西村弘喜撮影）

をする人は七人だった。大体一カ月くらい練習すると彫れるようになるという。和人もウタリの人も一緒にやっていた。品質を良くするために民芸展などもあった。昭和五五年くらいから売上が減少し始め、しだいに食品へ移行し、最終的に工場は閉鎖になったとのことである。〈11〉さらにもう一つは、木彫りの職人が独立して自分の店をもつ場合である。阿寒湖畔のアイヌコタンに二〇軒くらいの土産物屋があるが、そのなかの一つ「熊の家」は、旭川で熊彫りの修業をした藤戸竹喜（一九三四〜二〇一八）の店である。藤戸竹喜は二〇一七年から一八年にかけて札幌芸術の森美術館と国立民族学博物館で展覧会が開催されるなど、現代では著名な木彫家である。藤戸の作品には、多彩な様態の熊だけでなく、狼、鹿、エビやクジラなどの動物や自然、さらにアイヌのエカシ像といった先人たちの習俗を映しとめたものが多い（写真2）。北海道旅行のオンシーズンは夏であるため、そのあいだは自分の店にいて、冬には工房にこもって作品作りをしているという（アイヌ文化振興・研究推進機構編 二〇一七）。

土産物屋では、自分の作品を売る場合でも、さまざまな作家から買い上げるにしても、また自社工場で作成する場合でも、どういった需要があるのか、店のラインナップにどのような特徴をもたせるのかによって、制作者側へのフィードバックや依頼が行われている。また木彫り熊の最盛期には、こうした土産物屋の店先には、夏の間、木彫りの実演をする彫り手たちが大勢集まってきていた[12]。その意味でも、土産物店は木彫り熊の製造と販売のネットワークの中枢となってきたと考えられる。

写真３　岐阜県へ里帰りした熊（著者撮影）

木彫り熊の作業工程

一九七〇年代ごろに、北海道観光ブームと言われる時代があった。その当時、木彫り熊は「作れば売れる」と言われていた。少し手先が器用な人びとが大勢参入していったという。例えば、岐阜県での聞きとり調査では、八百津町久田見から日高地方へ入植した人が、木彫り熊を彫っていたという話を聞いた。久田見は山間地で、戦時中は満洲への開拓団を出し、半数以上が現地で亡くなっている。満洲から引き揚げた人の一人が、戦後の緊急開拓で北海道へ渡り、初めは農業をしていたが、林野庁に勤めるようになったころ、向こうには間伐した材料がたくさんあり、木彫りの熊を彫るようになった。冬のあいだに彫っておき、雪が融けると北海道中の土産物屋にもっていくという生活だった。一九七〇年に木彫り熊二体を土産として背負って、久田見に里帰りしている[13]（写真３）。

写真４　職人が憧れる熊（著者撮影）

木彫り熊の実際の制作過程については、基本的には、一人の彫り手が全工程を作りあげていくものであった。聞きとりや資料のなかでは、最後の毛彫りの部分は、家族などに任せるといったこともあったと聞く。一体の価格は、おおよそサイズによって決まっていた。一寸を一号とし、五寸であれば五号の熊となる。小さいものであれば一日に何個か彫れるが、大作になると、木を乾燥させる時間も含めて一年かかるものもある（瀧口著、黒川編 二〇〇八：四〇）。先のトミヤの工場では、毎年一月初めに新年会をするが、皆で集まって、まず熊を一体彫ってから、新年会を始める慣習になっていた。大体二時間半くらいで作っていたと、元工場長は語っている。

旭川の木彫り熊制作は松井梅太郎らを先駆者として、数多くの彫り手がおり、またいろいろな人が参入していった。旭川で長年木工所をやってきた経営者も「当時熊彫っていた人は羽振りがよかった」と述懐している。旭川の第二世代には、先述した藤戸竹喜や五〇代で亡くなった彫刻家の砂澤ビッキ（一九三一〜一九八九）などもいる。砂澤ビッキは一時期、鎌倉へ出てモダンアート展などにも参加していた。ビッキの作品としては魚やトンボなどに独特の文様をほどこしたものなどが有名で、骨太なつくりである。また旭川にある最古のアイヌ資料館、川村カ子トアイヌ記念館前に置かれていたトーテムポールもビッキの作品である。[14]藤戸竹喜や砂澤ビッキは、単なる土産物の作り手というより、彫刻家として評価されるようになるが、正規の美術教育を受けているわけではない。それぞれ父親や周囲の人びとが熊を彫っているのを見て育った。彼らも初めは土産物の熊彫りをするなかで、さまざまな表現を獲得していったのである。

木彫り熊の最盛期には、多くの人の参入が可能な幅広い土壌があった。そうした環境が、芸術作品として評価されるまでになる作家たちをも生み出していたといえよう。とはいえ立体を彫ることは難しい。また一体いくらで売られるものとしてはスピードも必要である。先の工場長によると、職人に人気のあるのは「手数が少なく[15]、迫力のある熊」だったという(写真4)。こうした一人一人の手技が木彫り熊全体の魅力をかたちづくっているのだと思われる。

4 日常のなかの芸術

北海道土産といえば木彫りの熊といわれるほど、一時期、木彫り熊は著名な土産品となった。新婚旅行で北海道を訪れ、一〇体以上購入していったり、還暦祝いの団体旅行でみなが購入したりしていた時代があった。日本全国の家庭の居間や玄関におかれ、ある世代以上の人はだれしも一度は目にしたことがあるのではないだろうか。北海道でも退職記念などに贈られるものであったという。

しかしその後、木彫り熊の人気はしだいに落ちついていく。観光客の嗜好の変化や旅行の形態の変化、さらに熊彫りの機械化[16]など、その背景はいくつか考えられるが、木彫り熊のブームは一段落している感がある。現在では旭川でも、木彫り熊を彫る職人は一〇人いるかどうかではないかといわれているが、態だけではなくフクロウや魚など他の動物も造形化されたり、またアイヌの文様の入った盆やマキリ（小刀）などを作成したりしている人もいる。

日高地方にある平取《びらとり》町では、「二風谷イタ」（盆）、「二風谷アットゥシ」（樹皮の反物）が、二〇一三年に北海道で初めて経済産業省による「伝統的工芸品」に指定された（齋藤 二〇一七）。二風谷には平取町立二風谷アイヌ文化博物館と萱野茂二風谷アイヌ資料館があり、周りに土産物屋も点在している。アイヌ文化研究者である齋藤によれば、ここ二〇年ほどのあいだにアイヌの人びととそれをとりまく社会状況には大きな変化があった（齋藤 二〇一七：二二三）。国連の「世界の先住民の国際年」が一九九三年、二風谷のダム建設差し止め裁判のなかで、アイヌが先住民族と認められたのが一九九七年、また同年、北海道旧土人保護法が廃止され、アイヌ文化振興にかんする法律も出された（齋藤 二〇一七：二二三-二一四）。こうした周囲の状況の変化と、二風谷は早くから博物館建設など積極的に文化資源の集約に努めてきたということから、伝統工芸品指定への動きが可能となったと思われる。

この二風谷の木彫りの盆の技術継承に、木彫り熊もかかわっている。盆や樹皮の織物は、もともとアイヌの日常生活のなかで使用されており、ふつうに作られていたものであるが、明治半ばくらいからはほぼ途絶えてしまっていた。早くからの観光地と違い、二風谷では土産物としての木彫り熊制作は、一九六二年に旭川から講師を招いて始まったという（齋藤 二〇一七：二二二）。また現在二風谷で工房を営む貝澤徹は、二〇歳のときに出会った藤戸竹喜にもらった木彫り熊を、「土産物とは別物の、細部まで写実的に彫られた熊」とし、人生を変える出会いであったと語っている。[17] 二風谷でも土産物制作が始まり、みな熊を彫っていたという。こうした環境が、逆流するかたちでアイヌの伝統工芸品の復活と制作の基盤となっているのである。

木彫り熊には、それ自体が芸術品であり、制作者自身が芸術家であるような場合もあり、またとりあえずのお土産品という場合もある。木彫り熊というカテゴリーは、芸術と民芸の狭間にあるような性格をもっている。初めの部分で述べたように、柳宗悦による民芸運動では、明治以降の西洋的な近代化により、新しく確立していく芸術の基準からは抜け落ちるような民衆の日常のなかにある工芸を民芸品と呼ぶが、それを少し違う角度から論じているのが、鶴見俊輔の「限界芸術」論である（鶴見 一九七六）。

そこでは、専門芸術家によって作られ専門享受者によって享受されるものを純粋芸術、専門芸術家と企業家によって作られ大衆によって享受されるものを大衆芸術とし、非専門的芸術家によって作られ非専門的享受者によって享受される、芸術と生活の境界にある作品を限界芸術としている。この限界芸術について、その研究者として柳田国男を、批評者として柳宗悦を、実作者として宮沢賢治を取りあげて論じている。鶴見も指摘するように、純粋芸術には「西欧文明の歴史のうえで権威づけられた作品の系列（権威の問題）」（鶴見 一九七六：一二）があり、それは民族芸術をとりまく「アートをめぐる制度」とも関連している。それにたいして限界芸術は、日常の労働や作業のなかで芸術が生まれてくる端緒をとらえる言葉である。それは強制されたものではなく、「それぞれの個人が自分の本来の要求にそうて、状況を変革していく行為」（鶴見 一九七六：六四）なのである。

この地点からみれば、木彫り熊が形象化され、北海道の象徴的な土産物となっていく過程を支えたのは、木彫り熊が単に「制度のなかのアート」なのではなく、民芸であり限界芸術であるという側面にあることがわかるだろう。それはこれまで述べてきたように、日本の近代化の圧迫を受けて、周縁部としての開発や開拓の前線のなかで、または迫害のなかで、人びとの生業の道として選びとられ、数多くの人びとの参入によって力強いものとなっていった過程である。同じ鮭をくわえた熊でも、一体一体をとおして、手の届く範囲での創意工夫に喜びを見出し技術を積み重ねた作業が透けて見える。そうした緩やかな日常のなかにある芸術性が人を引きつけるのではないだろうか。

謝辞

北海道調査にさいして、羅臼在住のコレクター西村弘喜さん、知床財団職員の倉澤皆子さん、旭川の「木彫り熊を愛する会」の浅田福圓さん、故本間秀紀さんには、資料や情報のご提示だけでなく、調査先への連絡や体験談などについても多くのご協力をいただきました。みなさまの木彫り熊への情熱がなければ、本章は書き得ませんでした。ここに記し心よりの感謝を申し上げます。

注

〈1〉八雲町木彫り熊資料館ＨＰ（https://www.town.yakumo.lg.jp/soshiki/kyoudo/）、二〇一九年八月一七日アクセス。

〈2〉木彫り熊愛好倶楽部によるニュースレター、『キムンカムイ』。「木彫り熊を愛する会」は途中から「木彫り熊愛好倶楽部」に名称を変更している。

〈3〉東京９０３会ＨＰ（http://precog-studio.com/%E6%9D%B1%E4%BA%AC903%E4%BC%9A/）、二〇一九年八月一七日アクセス。

〈4〉大石勇による徳川義親と八雲での木彫り熊制作にかんする研究（大石 一九九〇～一九九三）や金倉義慧に

よる旭川アイヌの研究（金倉 二〇〇六）、また木彫り熊についてのおそらく最初の資料集（山里編 二〇一四）、その他コレクション集（伊藤編 二〇〇五）（また一般の出版物ではないが『木彫り熊 2017サシルイ』と題する自家写真集などもある）や展覧会の作品録（アイヌ文化振興・研究推進機構編 二〇一七、上原編 二〇一七）などがある。

〈5〉 2節で述べるように、八雲町の木彫り熊は民芸運動から生まれたものではなく、八雲の木彫り熊導入を詳細に記述した大石の研究でも指摘されるように、徳川義親が推進した農村芸術運動から生み出されたものである（大石 一九九〇：二一八）。ただし、ここでは「民芸運動」と「農村芸術」「農民芸術」との異同にこだわるのではなく、現時点からみて一種の「民芸品」と評価されているという意味で使用する。より具体的な議論は4節を参照。

〈6〉 徳川義親（一八八六〜一九七六）の二代前の一七代当主が最後の尾張大名であり、八雲農場を開いた。徳川義親は元越前藩主松平家から徳川家の養子となり、爵位を継ぐ。のちに徳川美術館や蓬左文庫を開設し、尾張徳川家の所蔵品を展示、また徳川林政史研究所を開くなど、学究肌でもあり開明的人物として知られる。また八雲での熊狩りだけでなく、マレー半島で虎狩りを行うなど、活動的な面もあったという（上原編 二〇一七）。貴族院議員。

〈7〉 二〇一七年名古屋で行われた展覧会「熊彫――義親さんと木彫りの熊」展の図録（上原編 二〇一七）や、北海道内の骨董屋での聞きとりより。

〈8〉 金倉の著書では、荒井源次郎の遺稿集からの引用としてひかれている（金倉 二〇〇六：三九五）。原本では、荒井源次郎が残した人物伝のなかの松井梅太郎の章に記載がある（荒井著、加藤編 一九九二：八二―八三）。ここの引用は荒井の原本による。

〈9〉 たとえば旭川市で活動する「木彫り熊を愛する会」での聞きとり調査などでも、そうした関心が語られている。

〈10〉金倉の書籍だけでなく、「木彫り熊を愛する会」の未発表草稿にも、佐々木豊栄堂店主・佐々木長左衛門が果たした役割について似たような指摘がある。

〈11〉二〇一八年二月および九月に行ったトミヤ澤田商店近文工場の元工場長、浅田福圓さんへのインタビューから。

〈12〉阿寒湖畔の店「イチンゲの店」の店主であった故瀧口政満は、満洲で生まれ山梨へ引き揚げてきた経歴をもつ。北海道への一人旅の途中で見かけた木彫り熊を彫るアイヌの青年の姿に魅せられ、北海道へ移住し彫刻作品を作るようになった。木彫り熊も彫っていたというが、女性像やフクロウなどを繊細な筋で表現した作品が多い（瀧口著、黒川編 二〇〇八：四二）。

〈13〉二〇一七年六月、岐阜県八百津町での聞きとり調査より。

〈14〉台風で倒壊したため、現在はない。

〈15〉彫る回数が少ない、という意味。

〈16〉熊彫りの機械化とは、一度に八体彫ることができる外国製の機械の導入を指す。機械化の功罪については、また別途考えてみたい。

〈17〉「こくみん共済」HP「わたしのふるさと」の貝澤徹さんへのインタビュー記事から。（https://www.zenrosai.coop/stories/kurashi/furusato/furusato05.html）二〇一九年八月三〇日アクセス。

文　献

アイヌ文化振興・研究推進機構編　二〇一七『現れよ。森羅の生命——木彫家 藤戸竹喜の世界』アイヌ文化振興・研究推進機構。
荒井源次郎著、加藤好男編　一九九二『アイヌ人物伝——荒井源次郎遺稿』。
Giuffre, Katherine, 2016 [2009], *Collective Creativity: Art and Society in the South Pacific*, Routledge.
伊藤務編　二〇〇五『北海道の木彫り熊——浜田コレクション写真集』「瑞楽洞」木彫り熊資料館。
金倉義慧　二〇〇六『旭川・アイヌ民族の近現代史』高文研。
木彫り熊愛好倶楽部　二〇一七『キムンカムイ』一六、二〇一七年一二月一日発行。
Lavie, S., K. Narayan, and R. Rosaldo (eds.), 1993, *Creativity/Anthropology*, Cornell University Press.
緒方しらべ　二〇一七『アフリカ美術の人類学』清水弘文堂書房。
大石勇　一九九〇「北海道八雲町における農村美術運動——大正一三年第一回農村美術工芸品評会を中心に」『徳川林政史研究所研究紀要』通号二四、二一五-二六九頁。
———　一九九一「徳川義親と八雲町の農村美術運動——大正末期北海道八雲町における農村美術運動の展開」『徳川林政史研究所研究紀要』通号二五、一三五-一九六頁。
———　一九九二「伝統工芸「熊彫」の創生——大正一四年度、北海道八雲町の農村美術運動」『徳川林政史研究所研究紀要』通号二六、一五五-一九一頁。
———　一九九三「徳川義親と八雲町の『熊彫』」『徳川林政史研究所研究紀要』通号二七、九三-一五八頁。
齋藤玲子　二〇一七「民族文化の振興と工芸——北海道二風谷の木彫盆・イタから考える」飯田卓編『文明史のなかの文化遺産』臨川書店。
坂部晶子　一九九四「主体の可能性としてのクリエイティビティ」『京都社会学年報』二、一四五-一五二頁。
瀧口政満著、黒川創編・序文　二〇〇八『樹のなかの音——瀧口政満彫刻作品集』編集グループＳＵＲＥ。
鶴見俊輔　一九七六『限界芸術』講談社学術文庫。

上原敏編　二〇一七『熊彫――義親さんと木彫りの熊』凹プレス。
八雲町木彫り熊資料館『八雲町木彫り熊資料館リーフレット』。
山里稔編　二〇一四『北海道　木彫り熊の考察』かりん舎。

第6章　食文化における集合的創造性
——エスニックフードからローカルフードへ

安井大輔

1　個人と集団からみる創造性

社会と文化をめぐって社会学と人類学はともに多くの知見を提供してきた。両学問の個人と集団をめぐる思考は、その相互規定性を認めつつも、強調されるポイントに相違がある。集団と個人の関係は、社会学の伝統的なテーマであり、議論が積み重ねられている。エミール・デュルケームは集団としての社会が諸部分の総和を超えた「一種独特の実在」として創発特性を発揮すると主張してきた。社会学者ピエール・ブルデューの文化的再生産の理論は、個人と集団の関係を問うとしても、自主的な選択や行為の結果について最終的には社会構造に規定されるものとして批判を受けることもある。いっぽうで、人類学的観点では、制度や社会による影響を考えたうえで、構造に回収されない主体の抽出を重要視してきた。すなわち、「ある社会の中で、パターン化された人びとが無意識に繰り返していた慣習的な行為を、自覚的に無視し、新たな行為様式を打ち立てようとする個体」(Leach 1977: 19–20) を創造的個人として、研究対象に取り上げる視点を打ち出したのである。以後、創造性に取り組む人類学者たちは、世界各地の日常生活の中で繰り返される慣習的行為がときとして意味を大きく変える創造的営みに注目し、それが個人の生をいかにしてよりよいものへと変えるのかをエスノグラフィックなデータに基づき分析している（Lavie, Narayan and Rosaldo（eds.）1993; Liep（ed.）2001; Hallam and Ingold（eds.）2007; 松田 二〇〇九：二三一－二五七）。本章では、以上のような人類学的視点より個別的な文脈のもとで創造がおこなわれる相互作用を探究したい。

個人的な営為への着目は重要であるとはいえ、個人のいかなる行為をも創造とすることはあまり適当ではないように思われる。個々人の創造的な営みに主眼を置くとしても、「集合的」創造性を論じる本書において、個人的な創意工夫がそのことだけをもって創造性が発揮されているとするのは不十分だろう。こうした点について、人類学者ジョン・リープは、創造性の形態を区別するよう訴えている。一方に、「人間が日々行っているような小規模で普遍的な創造」があり、他方に「規範の大規模な再構築や経験の再編成をともなう創造」があるとして、両者を峻別する必要性を唱えている（Liep(ed.) 2001: 12)。本書の関心に沿って言い換えると、前者を個人の創意工夫・妙技、後者を集合的創造性とすることができるだろう。リープも本書も焦点を当てているのは後者である。

日常的行為のなかで、生の可能性や価値を高める行為を対象とすることで、グランドセオリーでは見えてこない、具体的な状況のもとでの集合的創造性（どのような相互作用をつうじて、どのような創造がおこなわれるのか）を論じてみたい。本章ではこうした視座のもと、極めて日常的なモノであり行為でもある食というテーマに取り組む。特にエスニック・マイノリティである移民を対象に、彼らの食文化がいかにして形成・変容・維持されるとともに、ホスト社会における位置づけを変化させるのか、という創造の過程を検討する。

2　マイノリティによる文化の創造

新しい文化を創り出してきた人びとの多くはその社会のマイノリティであった。文化変容をめぐるかつての議論では、マイノリティは、マジョリティによる統治や管理、差別、排除・隔離に翻弄される客体とみなされてきた。「マイノリティは、あたかも差別や犠牲の代償であるかのようにして、しばしば例外的に創造的であり、その創造性はたえずマジョリティの側に収拾されてきた」（宇野・野谷編 二〇〇一：一二）のである。しかし、マイノリティにより思想や芸術の大きな転換が果たされると、マイノリティ観も転換されるようになる。救済や同化や融和、寛容の対象として注目されるにすぎなかった存在から、葛藤する「主体」としてあらわれるようになる。客体と目されていたマイノリティは、多様で異質な要素を抱え軋轢や齟齬をとおして社会の活力を生み出す主体としてみられるように変わったのである（竹沢 二〇一〇）。

マイノリティによる表現は、マジョリティには不可視の要素を抽出して、思想や芸術を大きく変化させてきた。その問いかけは時にマジョリティ社会を揺るがし、社会変革をうながす場合さえある。集合的創造をめぐる議論においてマイノリティに注目するのは、彼らが既存の価値観を揺さぶり、社会自体を転換させうるからである。「マイノリティの政治が別の政治であり、その創造が別の創造であるという現実と潜在性は、生命と人間との関係にかかわり、生命（そして死）をめぐって人間がどのような主体として自己を形成するかという問いにかかわっている」（宇野・野谷編 二〇〇一：一一）のであり、それゆえにマイノリティによる創造は「万人の問題であり、未来の問題でありうる」（宇野・野谷編 二〇〇一：一一）のだ。

そしてマイノリティの典型として移民があげられる。外国や国民国家の周縁部分からの移住者たちはマジョリティ国民に対して異質な存在とみなされる。さらに現代の文化をめぐる特徴として、多文化状況、多民族社会の日常化がある。政策としての多文化主義の是非をめぐる論争はあるとしても、文化を語る状況において、グローバルな人の移動により社会が単一の文化でなく複数の文化から成り立っているのは共通認識になりつつある。移民は複数の文化や民族、国家、共同体をバックグラウンドに生活を送る主体である。そして移民は、ゲストワーカーとして異なる文化をもたらし、ホストである既存社会の限界を拡張したり変化したりさせる存在でもある。その意味で、移民と文化の関係を問うことは、異なるコードや身体、社会、種である他者のパースペクティブを（相互に）織り込みながらも自分を作り変えていく《外部》について、人びとの具体的な経験から考えることにもなるだろう（第2章を参照）。それゆえ、エスニック・マイノリティとしての移民を取り上げ、彼らの食をとおして創造性について考察したい。

3　移民の食の創造性

一般に食に関する現象は創造性の宝庫のように思われている。飲食をめぐるニュースメディアやSNSを覗くと、新たなメニューやビジネスの開発に余念がない。食文化をめぐる研究においても、人類の食が創造的営みであることは繰り返し示されてきた。ただし、それらはブリア=サヴァランやグリモら〔1〕天才的個人によるフランス料理の体系の発展、もしくは高温多湿な気候に適合したことによるコメ栽培の拡大と稲作文化・米食文化圏の形成（石毛 二〇一三など）のように、個人か集団の営為であることが所与の前提とされているだけで、必ずしも社会的な関心から考察されてはいない。よって、ここでは移民の食文化であるエスニックフードについて、個人と社会の関係からの分析を試みたい。

マイノリティとしての移民は、食を通じて自分たち集団とホスト社会との関係を表す。たとえば「同じ釜の飯を食う」という言葉にあるように、同じ食事がもたらす親しみを共有することで、食を共有する集団は結束を高める（共同性）。同時に、食を同じくしない他集団と自集団を弁別し、ときに他集団を排除する（排斥性）。また、故郷から持ち込まれた多様な食材、調理法はホスト社会の食材や調理法と組み合わさったうえで新しい味として流行する可能性もある（混淆性）。一方で、変化に対抗して真正／伝統の文化が主張されることもある（純粋性）。このように移民の食は多義的な意味づけに開かれており、文化が混じりあいながらも時に排他的になる場であり、自集団と他集団との境界が維持・強化されることもあれば大胆に引き直されることもある。その意味で、移民の食は変容と真正性の保持、排除と包摂をめぐるポリティクスが繰り広げられるアリーナなのである（安井 二〇一八a）〈2〉。

エスニックフードとは、日本語では西洋料理や朝鮮半島・中国の料理とは異なるアジア・アフリカの料理を指す言葉と思われているが、本来の語義では自民族以外の食はすべてエスニックフードであり、主として移民によって持ち込まれた外来料理全般を指す。そしてエスニックという言葉の持つ社会性を考えた場合、共同体との関係が重要となる。共食は人間集団の共同性を喚起するが、ただ他の人びとと一緒に食べるだけでは必ずしも集団の象徴とならず、その食が共同体を形成する集合的な文化実践と結びついてはじめてアイデンティティ装置として駆動するようになる（池上他 二〇〇八）。

インド各地の家庭料理がイギリスや日本を経て生まれたものがインドカレーとされたように、国民食の多くは、もともとどこの誰のものでもない料理だった。名もなき個々の料理に故郷を離れた移民の物語が織り込まれていった結果、自分たち集団を指し示す共同体の冠詞を持つ料理へと変わっていったのである。移民による食文化の形成は、個人的な創意であると同時に集合的な営みであり、故郷の調理法と現地の食材が結節して相互接続・相互転換していくコンヴィヴィアルな集合的創造となっている。

次節では、この移民による食文化形成のプロセスを検討するために、ブラジル・カンポグランデ市におけるSobáと呼ばれる料理とそこにかかわる諸アクターを取り上げ、象徴資本となった食文化を産み出した移民たちの集合的実践を考察する。

4　カンポグランデのSobá

ブラジル・カンポグランデの沖縄移民

ブラジルは日本から多くの人びとが移住した国だが、日系人（日本人移民とその子孫）のなかでも沖縄出身者の占める割合が高い。ブラジル国内で沖縄にルーツを持つ人びとが多数暮らしている町が、カンポグランデ（Campo Grande）である。ボリビアやパラグアイとも接するマットグロッソ・ド・スル州の州都であり、ポルトガル語で「大きな野原・田舎」を意味するこの市は、サンパウロから西北西に九〇〇キロメートルほど離れた農牧地帯のなかの都市である。二〇世紀になって世界各国からの移民たちによって開発された町であり、ドイツ、スペイン、イタリア、ポルトガル、シリア、レバノン、トルコ、アルメニアなど世界各地からの移民とその子孫が暮らしている多民族混淆の都市である。

一九〇八年から日本政府によるブラジルへの移民が始まったが、初期移民は低賃金の長時間労働を強いられ、よりよい職を求めて移動を繰り返したものが多かった。ブラジル奥地の国防と開発を目的に一九〇四年に起工されたノロエステ鉄道敷設は、高温多湿のジャングルを切り開く難工事で、マラリアで倒れるものも多い過酷な労働だったが高賃金であったため、多くの移民が参入した。敷設工事のために現地で働いていた日本人移民の多くが沖縄出身者であり、一九一四年に鉄道が開通した後、彼らの一部が沿線に定住するようになった。彼らは出身地域ごとにコロニア（植民地）と呼ばれるコミュニティを建設し、野菜栽培や養豚、コーヒー園、酒造などをはじめ生活基盤を築いていった。一九二〇年に日本人会、一九二六年に球陽協会（現在のブラジル沖縄県人会）が結成された。鉄道完成後、町も交通の要衝として発展し、銀行や工場などができ、移民の世代交代が進むにつれ公務員や会社員として働くものもあらわれた。第二次世界大戦時に、日本からブラジルへの移動は途絶えたが、戦後に復活する。特に沖縄から血縁や地縁を介して人が呼び寄せられ、またブラジルの他地域やボリビアなどから転住した人が定着していった。こうしてカンポグランデは沖縄出身者が多く暮らす地域となった（「カンポ・グランデ日系コロニアの歩み」刊行委員会編 二〇〇五）。

カンポグランデの Sobá

現在この町の特産品となっているのが、Sobá と称される料理だ。これは沖縄出身者たちが持ち込んだ沖縄ソバが独自の発展を遂げたものである。なお沖縄ソバとは蕎麦粉ではなく小麦粉を使用し、麵はかんすい（アルカリ塩水溶液）または灰汁を加えて打たれる麵である。製麵は中華麵と似ているが、中華麵よりやや太めの麵や薄い出汁を用いるように、形状や調理法はうどんに類似してもいる。

カンポグランデの Sobá は、もともとは鉄道建設後に定着した人びとが、家庭内で消費していたものである。悪天候で農作業不能な日や、誕生日の祝いの席などで麵を作り、庭で放し飼いにしている鶏のスープで好みの味を作り、隣近所を招待して故郷の味を楽しんでいた。戦後になり、麵は家庭外でも食べられるようになる。一九五〇年代から六〇年代にかけて、移民が自作の農産物を販売する産業組合やフェイラ（露店市場）でソバを提供する屋台があったという。当時、戦後移住者の多くは経済的に困窮し生活は不安定だった。フェイラはそのような人びとにとって情報交換の場所として機能した。人びとは野菜を売りさばいた後、店で故郷の料理を味わいながら、仕事の情報などを交換し合ったのである。のちに、移民の市街地への進出とともに、自営業として飲食店を始めるものが現れ、店舗数も増えていった。

同市には、Sobá を提供する専門店「ソバリア」が数十店あるが、老舗の店 Tokyo 創業者の源河隆子氏は、一九五八年、一五歳の時、家族で沖縄からブラジルに移住した「カッペン移民〈3〉」の第一次入植者だった。彼女の父はカッペンに到着後、過酷な環境から三週間の調査のあと入植地から引き揚げ、カッペンとカンポグランデとの中間地点にあるカッセル耕地に居を構えた。親戚の家を転々とした彼女は一九六二年、一九歳で結婚後、カンポグランデ市郊外に居を構え夫の野菜作りを手伝い、両親もカッセル耕地を後にしてカンポグランデへ移動した。一九六六年に叔父がソバ屋を始めたのにならい、一九六七年に両親もソバ屋を始める。麵の作り方は父親が中国で働いていた時に覚えたという。そして彼女も一九七五年から親のソバ屋を手伝うようになった。最初は週二回の勤務だったが、三人の子どもの教育のために街に出ることを決意する。一九八〇年、友人の勧めで店を購入し、自身のソバ屋を始めた（「カンポ・グランデ日系コロニアの歩み」刊行委員会編 二〇〇五）。

現在、多数のソバリアがフェイラ・セントラル（中央市場）に集約されている。ここは照明のついたアーケードの下に、組立式の陳列台に野菜・果物、菓子、手工芸品、土産物を並べた店が揃う空間である。週二日、夕方から翌日明け方まで店が開かれ大勢の市民や観光客でにぎわう。ひときわ目立つのがソバリアであり、三〇軒を超す店がずらりと並んでいる。多くの店の名に Barraca（屋台）という言葉が含まれ、元々屋台で販売していた名残りを伝えているが、フェイラの敷地は各店で区切って使用してい

写真1　Sobáのモニュメント（著者撮影）

写真2　カンポグランデのSobá（著者撮影）

るため、店の外観を眺めると屋台というよりはフードコート的な空間として機能しているといえる。フェイラの出入り口には器に入った麺が箸で持ち上げられている状態を模した巨大なモニュメントがあり、この空間が何よりも麺を食する場所であることを示している（写真1）。

麺とスープに、刻んだネギと錦糸卵（薄焼き卵を細く切ったもの）、肉を載せたものが典型的なSobáだ（写真2）。スープは牛肉や豚肉を煮込んだものが使われ、日本で食べられる沖縄ソバのようにカツオや昆布を用いた出汁が用いられることはあまりない。テーブルには醤油が置いてあり、好みの量をかけて食べる。薬味にショウガを入れる場合もある。大き目のボウル（どんぶり）に大盛の麺と具という外観はほぼ共通しているが、スープや味付けについては、店ごとに違いがみられる。前述の源河氏の店では、かんすいではなく灰汁を用い、スープに豚だけでなく牛、鶏ガラ、野菜も用いる独自の味になっている。父、叔父から譲り受けたレシピをもとにブラジル人客の好みに合わせる工夫を重ねたという。また中東諸国出身のイスラム教徒の住民客も多く、豚肉を食べない彼らのために牛と鶏だけで作られたSobáをメニューとして提供している店もある。

二〇〇六年七月にはSobáは市の無形文化遺産〈4〉に登録され、以降毎年八月にSobáフェスティバルが開催されている。フェスティバルにはカンポグランデ内外から多くの住民や観光客が集まっており、Sobáを中心とした地域振興がはかられている。

5 ソバからSobáへ

かつて沖縄移民によってのみ消費されていた時期のソバの露店は、カーテンで覆われていたという。これは外部から店の中が見えないようにするためで、客たちは隠れるようにして食べていたと記されている（「カンポ・グランデ日系コロニアの歩み」刊行委員会編 二〇〇五）。これについては、日本では麺類は音を立ててすするのが普通だが、西洋では食事中に音を出す行為はマナー違反とされ、フォークで静かに食べるのが適切な場で箸を使って音を立ててすするのが恥ずかしがられたからだといわれている。作法の違いは、沖縄移民と他の住民との違いを意識化させ、その違いを際立たせる物理的な境界がカーテンだったといえる。この時点では沖縄移民と他集団を分ける境界が存在しており、ソバは集団内部でのみ消費されるエスニックフードだったといえる。

ところが、このカーテンが逆に地元の人の好奇心をかきたて「日本人たちがおいしいものを隠れて食べている」という噂が広がったという。さまざまな客がカーテンをくぐって来店するようになった結果、この料理は他の住民にも急速に広がり、一九八〇年代には人種・民族を問わず町の住民みなが食するようになったとされている。

この変化は、移民の経歴を反映させた料理が、さまざまな住民たちに支持されるようになったことで、集団の表象としても受け入れられるようになったことを示している。そして、この時期は、郊外で暮らしていた沖縄移民が、進学や就職のため市街地へ移住し都市住民となっていった時代でもあった。それまで郊外のコロニアで離れて生活していた彼らが、さまざまな人種・エスニシティの交じり合う都市に居住することで、異なる集団との交流が増えていったのである。客層の広まりと変容はこのエスニック関係の変容過程と重なるものとして読み解くことができる。

Sobá にかかわるアクター

こうした料理の位置づけの変化には、さまざまなアクターがかかわっていた。

まずは家庭内食だった料理をあえて外食として提供してきた沖縄移民一世たちの発案があった。客の好みに合わせるべくさまざまな異種要素間のアレンジメントが試みられてきた。たとえば、この料理が地域に広がった時期は、ブラジルにおいて麵類を食べる習慣自体があまりなかった。それゆえ人びとに食べ方について説明する際、「スープの多いマカロン（パスタ）」として宣伝されていた。それまでの文化体系には存在しなかった未知の料理がそのままの形で受け入れられるのは難しく（安井 二〇一八a）、既知の麺料理に似せることで浸透を図ったのだ。それまで箸を添えて出していたのにくわえて、パスタ同様にフォークを付けて提供するようになった。しかし、パスタはあくまでも平皿に入れてフォークに巻き付けて食べるものであり、ボウルに入れてスープとともにするという行為を汚いと感じ苦手に思う人も多かった。ここから、スープの量は少なくなっていき、現在の Sobá は麺と具の比重が高い汁気の少ないものとなっている。

このように多くの人びとの創意工夫によって Sobá にアレンジがほどこされてきた。こうしたアレンジが功を奏するのは、それを受け入れる客たちがあってこそだ。私がカンポグランデで観察したかぎりでは、フェイラで他の人の食べ方や音を気にしているような人は見かけなかった。むしろ私が日本から来たと知って、「日本では音を立てて食べるのがかっこいいのだよね」と言って、ズズッとすすって食べてみせてくれた客に出会ったこともある。かつてはタブー視された食事作法が今では受け入れられるものへと変化したのかもしれない。

とはいえ、Sobá からエスニックな境界が消滅し無国籍料理となっているというわけではない。フェイラ・セントラルで長く店を営む沖縄移民一世の店主は、食べ始めるときにテーブルの上の割箸を取るかフォークを取るかで客の属性を見分けるという。いっけんアジア系に見えたとしても移民の三世・四世は箸を使えないことが多く、逆に非アジア系に見えても箸を使っている場合は、日本語やウチナーグチ（沖縄方言）で話しかけてみることもあるという。多民族の客たちが同じ料理を楽しんでいるが、食べ方を介してエスニシティの違いが認知されているのである。

最後にアクターとしては商業上の戦略も指摘しておくべきだろう。現在のフェイラ・セントラルは鉄道路線の変更により、かつてカンポグランデ駅のあった場所に常設の会場として駅舎を大幅に改装して移転建設されたものだ。移転の際に、商工会議所が沖縄県人会と協議して、ソバリアを主なテナントとしSobáを前面に押し出した施設とすることが決められた。彼らにより設立された観光中央フェイラ協会によって、現在のフェイラ・セントラルの管理運営がなされると同時に、音楽コンサートなど文化イベントが主催されている(Aparecida et al. 2012)。その中でも一番人気があるのは、店ごとのSobáの食べ比べをおこなうコンテストである。また観光中央フェイラ協会は二〇〇六年五月から、Sobáの製法を"Sobá de campo grande"の商標でフランチャイズ化し、サンパウロ市などブラジルの他都市でソバリアを開店するプロジェクトを続けている。

さらに、沖縄県の市町村にはその地域出身の海外移住者の子弟を研修生として受け入れ、産業技術の習得、沖縄文化の学習をおこなう人材育成制度が設けられているところも多い。この制度によってカンポグランデから沖縄県に渡り、県内の沖縄ソバ店で研修を受けてきたものもいる。こうした活動に参加する研修生たちにみられる「本場」のSobáを学ぶ姿勢は、移民が自身のルーツを求めるものであり、沖縄移民たちが自分たちの食文化の価値を故郷の真正な料理に求める恒常性希求の動きと見ることができる。ただし、こうした食文化を構成するベクトルは単に「伝統」を求めるという一方的なものではなく、より錯綜したものだ。

Sobáをめぐるベクトルの交錯

日本からカンポグランデを訪れた観光客がSobáを食することは多く、現在も「カンポグランデ」とカタカナでインターネットを検索すると、この料理の来歴に感動する日本語で書かれた現地レポートやブログ記事が頻出する。これらの記事には、海を渡って伝わった沖縄ソバが遠く異国の地で独自の変化を遂げて現地に定着したというストーリーが描かれていることがほとんどだ。また Sobá は沖縄の新聞記事にて「傍流」と表現されたことがある（沖縄タイムス 二〇一四）。Sobá について、日本・沖縄で暮らす人びとには、食文化からの変種としてとらえる見方が強い。しかし、それはあくまでも日本や沖縄からの視点に基づくものであり、この視点（だけ）では不十分である。

というのもこうしたマスターナラティブ（支配的な語り）に対して、異なる語りも存在するからだ。沖縄ソバは出汁を使うのに対して、Sobá に用いられることはほぼない。ある時、その違いをおもしろいものとして取り上げた日本のテレビ局による番組が放送されたことがあった。この放送を見たソバリア店主や客のいく人かは、自分たちの食文化がからかわれたように感じたという感想を語ってくれた。これは、自分たちの食べている Sobá が沖縄ソバというオリジナルからの逸脱とされることへの異議申し立てであった。Sobá は自分たちがこの町で作り上げた料理であって、日本のテレビ番組に自らの文化の正当性を主張する権利はあるのかという問いかけでもあった。

そして実際のところ、沖縄県で修業したとしても「本場」で覚えた味がそのまま提供されているわけではない。前述の沖縄県の制度を利用し沖縄そばチェーン店で研修を受けたNさんは「沖縄のそばは確かにおいしい。ただ、こちらで受けるかといったら別の話」であり「ブラジル人は豚より牛が好きだし、沖縄風の甘い味付けは絶対ダメ」と語る。「研修で学んだのは常に新しいことを考える姿勢」という彼の店で出されるメニューは大盛りの麵と牛肉にかき揚げとエビのフライを載せたものだ（沖縄タイム

ス 二〇一四)。沖縄での研修において伝えられた知・技術は「伝統的な」レシピを遵守することではなく、「新しい味を追求する」というコンセプトとして学び取られ、今も試行の途上にある。食文化において恒常性が求められる側面はあるものの、それは決して固定化されずに常に相対化され流動的で創発的な変化のなかにある。

このようにSobá は家庭内食から、移民集団を象徴する指標となり、さらに地域を象徴する食へと展開していった。Sobá は、沖縄にルーツを持つ料理であり沖縄、日本、アジアといった象徴的境界を含みつつ、今は地域のローカルフードでありカンポグランデの味となっている。ルーツを志向する場合もあれば、地域性を強調する場合もあり、複数の物語が交錯し、食の持つイメージは再帰的に更新され続けているのである(安井 二〇二〇)〈5〉。

6 食文化の集合的創造

習慣の形を変えていくことで、人びとの社会的な関係を問い直し、結果としてその相互作用の形、協働の仕方が変わることがある。まさにそれが社会にとっての創造のあらわれ、集合的創造である。ブラジル・カンポグランデにおける麵料理Sobá の歴史を追っていくと、それを食べる人びとの料理に対する認識が変わってきたことがわかる。ここから食文化の創造においては、日常のなかの創造に対する社会的な認識変化が重要であることを指摘できる(第5章を参照)。

ソバが家庭内・移民コミュニティ内でのみ消費されていた段階では、他の移民たちも集団ごとに生活

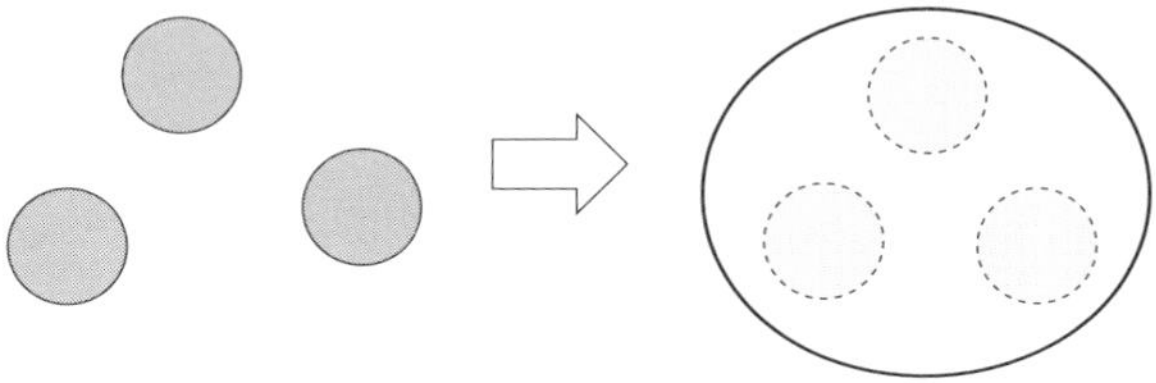

図1　多・文化エスニックフードから多文化・地域ローカルフードへ

世界が形成されており、個別のエスニック集団に分離した多・文化《マルチエスニック》の状態にあった。生活はコロニア内で完結しており集団間のかかわりは相対的に少なかった。ところが、都市化・産業化が進み集団間の交流が増加すると、隔たりは緩和される。結果として集団境界は開放され、個々の集団を内包する多文化《マルチカルチュラル》・地域《エリア》の料理であるSobáへと位置づけが変わったのだ。いわば他者との相互接続を経てSobáを成り立たせる主体は集合的なものへと変化したといえよう。この変化を模式図にしたものが図1だ。

ただし、このことはエスニック集団の境界が消滅したことを意味してはいない。集団を分ける境界は続いている。実線と破線に分けて示しているように、濃淡の差はあるが、移民の出身をもとにした境界は今でも有効なものだ。柔軟になりつつも、完全に入れ替わったということではない。かつてのエスニック集団を含み包摂するかたちで地域としての境界が形成されているのである。

集団関係の変化にはアイデンティティの多重化がともなう（たとえば第9章を参照）。現在のカンポグランデの住民の多くが、数世代前の先祖がこの土地に移住してきた家族の歴史を持つ。彼ら彼女らは自身のルーツに由来するエスニックな意識を保ちつつも、自身の生まれ育った地域の住民という意識が強く働いているように思われる。つまり、個々人は移民集団のメンバーであると同時に、カンポグランデという多文化地域の住民でもあるという複数のアイデンティティをあわせ持つこととなる。多民族・多人種からなるブラジルで、生活のレベルにおいては、沖縄出身の移民であるとともにカンポグランデ人であることは自然な状態で、アイデンティティは二者択一ではなく、複数の異なった立場が相互に転換可能で両立するものとなっている。

特定の民族の個々の生産者たちによる創意工夫は、多くの客や地域住民たちに受け入れられることで、より広がりを持つ地域料理の創造へとつながった。そこには、その料理が象徴する共同体の範囲の拡張変更がともなわれていた。集団編成の再構成を引き起こすことで、創意工夫は集合的な創造に転換したのである。このようなまなざしの変化を生起しうる営為こそが、マイノリティによる創造である。既存の集団の枠組みから離れて、新しい集合として再編成されることで、創造はなされるのである。

注

〈1〉 ジャン・アルテルム・ブリア＝サヴァランとグリモ・ド・ラ・レニエールは、ともに一八世紀後半から一九世紀にかけてフランスで活躍した美食家である。彼らの著述やサロン活動はフランスの食文化の形成に大きな影響を与えた（橋本 二〇一四）。

〈2〉 創造的個人をテーマに編集された論集 *Creativity/Anthropology* では、「プエブロ・インディアン」の女性陶器職人の語り部人形の制作から文化創造が紹介されている（Lavie et al. (eds.) 1993; 坂部 一九九四）。彼女は、伝統的様式に修正を加えて女性の語り部人形を制作することで、外部の市場世界との回路を成立させ貨幣と情報を獲得することによって、社会と女性に大きな変化を引き起こした。本章で論じている移民の食文化も、この陶器人形と同じように、象徴資本としての役割を果たしている。

〈3〉カッペン移民とは、マットグロッソ・ド・スル州の北部にあるマットグロッソ州北部の耕地に移住した人びとを指す。カッペンの名称はその土地にあった樹液採集・農牧組合会社の略称 CAPEM に由来する。会社所有地が無償提供されるという通知を受け、沖縄県から移住者が入植したが、酸性土壌による不作、マラリアの流行のため、退耕し他の地域への再移住が相次いだ。

〈4〉二〇一〇年にフランスの美食術がユネスコ無形文化遺産に登録されて以降、食を文化として保護・継承すべき対象にしていく動きが世界各地で起きている。国家レベルでの文化行政と並び、自治体における地域振興も活性化しており、Sobá の無形文化遺産化もその流れのもとにある。なお、食文化をめぐる遺産化については、（安井 二〇一八b）で分析をおこなっている。

〈5〉本書では、食と共同体の関係から新しく地域の食文化が創造される歴史的な過程について論じているが、食は時に人びとの意識に境界を形成したり維持させる力を有してもいる。身体感覚の領域におけるエスニックな境界意識については、（安井 二〇二〇）で紹介したことがある。

文献・資料

Aparecida dos Santos Gomes, Laura, Cleonice Alexandre Le Bourlegat, and Josemar Campos Maciel, 2012, Sobá de Okinawa ou Sobá de Campo Grande Imigração Japonesa e Territorialização do Sobá (Soba from Okinawa or soba of Campo Grande ? Japanese immigration and territorialisation of the Soba), *ACTA Geográfica* 6(11): 53-67.

Hallam, Elizabeth and Tim Ingold (eds.), 2007, *Creativity and Cultural Improvisation*, Berg.

橋本周子　二〇一四『美食家の誕生――グリモと〈食〉のフランス革命』名古屋大学出版会。

池上甲一・岩崎正弥・原山浩介・藤原辰史　二〇〇八『食の共同体――動員から連帯へ』ナカニシヤ出版。
石毛直道　二〇一三『世界の食べもの――食の文化地理』講談社。
「カンポ・グランデ日系コロニアの歩み」刊行委員会編　二〇〇五『カンポ・グランデ日系コロニアの歩み』カンポ・グランデ日伯体育文化協会。
Lavie, Smadar, Kirin Narayan, and Renato Rosaldo (eds.), 1993, *Creativity/Anthropology*, Cornell University Press.
Leach, Edmund, 1997, *Custom, Low and Terrorist Violence*, Edinburgh University Press.
Liep, John (ed.), 2001, *Locating Cultural Creativity*, Pluto.
松田素二　二〇〇九「セルフの人類学に向けて――遍在する個人性の可能性」『日常的人類学宣言！――生活世界の深層へ／から』世界思想社、二三一－二五七頁。
沖縄タイムス　二〇一四「SOBARIA 海を渡った沖縄そば」沖縄タイムス社。
坂部晶子　一九九四「主体の可能性としてのクリエイティビティ」『京都社会学年報』二、一四五－一五二頁。
竹沢尚一郎　二〇一〇『社会とは何か――システムからプロセスへ』中央公論新社。
宇野邦一・野谷文昭編　二〇〇一『マイノリティは創造する』せりか書房。
安井大輔　二〇一八a「食嗜好と移民のアイデンティティ――エスニシティ・グローバリティ・ローカリティの交錯」『嗜好品文化研究』三、五七－六九頁。
――　二〇一八b「食文化の「型」――文化遺産としての「和食」」秋津元輝・佐藤洋一郎・竹之内裕文編著『農と食の新しい倫理』昭和堂、一四五－一七〇頁。
――　二〇二〇「見える境界・見えない境界――食と身体感覚からみるエスニシティ」神本秀爾・岡本圭史編『マルチグラフト――人類学的感性を移植する』集広舎、二一一－二二二頁。

III

空間と集合的創造性

第7章　戦後日本における島々の集団的創造性
――宮本常一とコミューン／アソシエーション

石原　俊

1　宮本常一と島の共同体

姫島リンチ事件と宮本の擁護

一九六二年三月二九日深夜、大分県・国東半島の沖合に浮かぶ人口（当時）約四〇〇〇人の姫島で、二〇歳代の映画館経営者とその弟が島民の男性三九人から集団リンチに遭い殺されるという事件が起こった。被害者兄弟は姫島で生まれ、九州本土の都市・別府で育ったが、一九五〇年代後半に島に戻り、兄は映画館を経営して成功した。兄弟は背後に別府の暴力団の存在をちらつかせながら、一〇〇人を超える島民に因縁をつけては暴力をふるっていたが、大分県警も姫島駐在所も暴力を抑える積極的対応を行わなかった。

三月一六日、姫島西浦地区の青年団が、西浦港開港三〇周年記念の少女歌劇公演を催し、兄が経営する映画館の客が激減した。これに激怒した兄弟は二九日早朝、西浦地区の若者宿を襲撃し、夜警のために泊まっていた青年八人に怪我を負わせた。伝統ある若者宿を荒らされたことへの怒りは大きく、同日午後一一時頃、兄弟を呼び出した青壮年男性三九人が、棒切れなどを手に襲撃を開始した。数時間後に襲撃の代表者七人が駐在所に出頭したが、すでに二人は頭蓋骨骨折で死亡していた。

その後三九人中二一人が逮捕され、一五人が傷害致死罪などで起訴された。大分地方裁判所は、検察側・弁護側を姫島現地に同道して島民や被害者側から証人尋問を行うなど慎重な調査を経たうえで、同年一〇月三〇日、首謀者一人に懲役二年の実刑判決を下し、他の一四人は執行猶予付の刑にとどめた[1]。

この事件は、安部公房の有名な戯曲『未必の故意』(一九七一年)のモデルにもなった。『未必の故意』は、「乱暴者」の「江口」をリンチによって殺害した島民らが、次第に諍いを生じ、互いに殺傷し合うようになるという、安部らしい不条理劇となっている。安部のモダニズム思想を反映したプロットだといえるが、その反面、島民の共同性は徹頭徹尾、病理的で欺瞞的なものとして扱われている(安部 一九七二)。

これに対して、加害者たちの行為を擁護する論陣を張った著名人もいた。戦後日本の民俗学の巨人といわれ、日本中の離島をあるきまわった、宮本常一である。宮本は一九五〇年四月に姫島を初めて訪れ、五日間滞在して水産関係資料の収集調査を行った。その後も、六二年一〇月に写真家の芳賀日出男とともに、六三年六月には瀬戸内海水産開発株式会社の社長・藤永元作らの招待で、姫島を訪れている。さらに一九六六年には、経済企画庁の委託を受けた財団法人林業金融調査会の調査団の団長として、八日間にわたる大がかりな姫島総合調査を指揮している(経済企画庁総合開発局 一九六八、田村 二〇一六:一一三)。

その宮本は、姫島リンチ事件について次のように評している。

追いつめられたものは身をもってみずからの生活をまもるためにたたかわねばならなくなる。姫島の人たちはこうして自己防衛のためにたえずたたかって来なければならなかった。これをなお封鎖的であるというならば、島民の真の生活を知らないものであるといえるであろう。

男性島民たちが行使した報復リンチが、「みずからの生活をまもるため」のやむをえぬ行動として擁護され、地縁と年齢階梯制に基づく生活共同体（コミューン）による防衛力行使として肯定されている。さらに、「島民の立場からすれば正当防衛であり、一人一人は弱いけれども、力をあわせればどんな障害でもとりのぞけるという事実をしめしたにすぎない」とさえ言いきっている（宮本［一九六三］一九七〇：二四二）。

宮本はなぜこのようなスタンスをとったのだろうか。その背景には、宮本の離島振興にかかわる実践、そのベースとなった「島」に関する同時代認識が横たわっている。それは、モダニズムに対する単なるアンチ（反近代）ではなく、近代（化）に対するもっと複雑なまなざしだ。右の引用を注意深く読めばわかるように、宮本は姫島のコミューンをただの「封鎖的」＝前近代的な集団と規定していない。同時代＝近代の圧倒的な力のなかで内発的に更新され続ける集団とみなしている。

民俗調査者から同時代との格闘へ

いうまでもなく、宮本常一の仕事は膨大で多彩であり、その専門分野どころか職業さえ同定することが難しい。民俗調査者、村落研究者、民衆史家、観光学研究者、農業技術・農業経営の指導者、離島開発の政策提言者など、「学者」の枠内だけでもこれだけの専門領域をあげることが可能だ。そして、宮本が自らを「百姓」の一員だと自任していたことも忘れるべきではない。

民俗学者の小川徹太郎は、瀬戸内海を拠点とする漁民の移動についての壮大な調査プロジェクトを構想しながら惜しくも夭逝したが、社会調査者としての宮本を存在論的に位置づける重要な論考を残している。小川によれば、宮本にとっての民俗調査とは、西瀬戸内の周防大島で「百姓」の子として生まれ育った経験に基づく「仲間意識」によって調査を遂行し、「百姓」の「代弁者」として書くという営みであり、いわば「「百姓システム」の内側を縦横無尽に歩き回ること」を意味した。

ただし、ここで宮本がいう「百姓」は農民と同義ではなく、むしろ「雑民」に近いことに留意したい。周防大島を含む瀬戸内海の島々の「百姓」は、農繁期には農業に従事していたが、農閑期には国内外に「旅」（出稼ぎ）に出て、職人や行商人、水夫や漁民など、さまざまな生業に従事していた。[2] また小川は、宮本が前記の民俗調査の方法論を「終生」「強引に押し通した」と評しており、調査者としての宮本を無批判に称揚はしていない（小川［一九八七］二〇〇六：一二三－一三五）。学校教育を受けた「有字」の宮本自身と、――『忘れられた日本人』が描く対馬・浅藻《あざも》の「世間師《しょけんし》」梶田富五郎のように（宮本［一九五九］一九七一b）――彼の民俗調査の対象であった「無字」の人びとの間には、決定的な非対称性が存在していたからだ。[3]

本章は、離島振興に最も心血を注いだ一九五〇年代から六〇年代の宮本常一の認識と実践に焦点をあてる。それは宮本の仕事の全体からみれば部分的だが、「民俗調査者」からの脱皮をはかりつつあった宮本の認識と実践が、同時代＝近代との切り結びにおいて、最も激しさと鋭利さを示した局面である。(4)

宮本が全国離島振興協議会の初代事務局長となり、離島振興に深く関与し始めた一九五二年前後は、宮本の民俗調査の対象であった伝統的存在、すなわち梶田富五郎のように学校文化にほぼ接点をもたない「無字」の「百姓」が、日本社会からほぼ消滅した時期に当たる。小川の表現を借りるなら、宮本が「百姓」という共通項に依拠して調査を継続することが――宮本の「強引」な主観にかかわらず――難しくなった時期といえる。存在と認識と実践がリニアに繋がらない条件下で、宮本は同時代の離島の政治経済的状況に関与することになる。宮本の認識と実践は激しく振幅するが、その過程で宮本のテクスト群には、彼の近代（化）との格闘の跡が刻まれている。その格闘の過程で鍵となったのは、姫島リンチ事件で宮本があえて擁護した生活共同体（コミューン）という集団性であり、さらにそのコミューンが内発的・創造的に再編された生産共同体（アソシエーション）という集団性であった。

2　島々の辺境化と開発主義的離島振興

交通革命、帝国解体、島々の辺境化

敗戦後、宮本の師でパトロンでもあった渋沢敬三の提唱により、一九五〇年に八学会連合での対馬調査、翌年には九学会連合での対馬調査が実施されたが、それは宮本が「調査者」を超えて離島振興事業

に深く関与する契機となった（坂野［二〇一二：四四‐四六］）。宮本はその後約二〇年にわたって、日本中の島々を精力的にあるきまわり、フィールド調査とメディアでの発信、農業技術指導・経営指導に尽力した。また、離島振興法制定（一九五三年施行）のために奔走し、一九五四年には全国離島振興協議会の無給の初代事務局長に就任するなど、同時代の離島社会の生活環境を改善すべく、組織化やロビイングにも深く関与した。

宮本の離島振興への関与は、次のような深い近世・近代史認識、とりわけ社会史・技術史認識に裏づけられていた。一五～一六世紀の技術革命を背景に、西欧から東アジアに外洋帆船が来航するようになると、日本列島でも西洋型やシャム型の帆船にならって、外洋航海が可能な大型帆船が造られるようになった。だが徳川幕府が海禁政策をとり、複数の帆柱をもつ大型帆船の製造が禁止されたため、一七世紀半ば以後、廻船の船員たちは「風まかせ」の命がけの航海を強いられることになった。その結果、日本海側、太平洋側、九州沖合、そして周防大島や姫島を含む瀬戸内海の多くの島々が、廻船の風待ち・日和待ちの場となった（宮本［一九五八］一九六九：一九‐二二、宮本［一九六〇］一九六九：一〇九、宮本［一九七七］一九八八：一八‐六〇・一〇〇‐一一三）。

これらの島々は、近代に入っても二〇世紀初頭まで、帆船が頻繁に寄港し、本土の海港都市との結びつきも強かった。だが二〇世紀に入ると、陸上交通とりわけ鉄道網の発達によって、帆船の寄港地として栄えた島々は大きく翻弄されることになる。島々の港が、本土の海港都市との交通を絶たれ、地方鉄道網の付属航路の末端へと転落し、所属する府県の辺境という「全く地方的な存在」になってしまったからだ（宮本［一九五八］一九六九：二一‐二二、宮本［一九五九］一九六九：一〇二）。さらに、日本帝国の敗戦と崩壊がこの状態に追い打ちをかけた。帝国の進出／侵略の波に乗って新たな漁場を獲得してきた島々の漁民たちが、沖合漁場の多くを失い、沿岸の漁場に撤退を余儀なくされたからである（宮本［執筆年不詳］一九八三：二六〇・三二七）。〈5〉 交通・運輸革命と帝国解体は、小さな島々の「地方化」「辺境化」を加速させた。二〇世紀に入り、ただでさえ技術革新の恩恵を真っ先に受けやすかった本土の都市部と離島の生活水準の格差は拡大していたが、敗戦後の離島における「生産と生活の低さ」は際立っていた（宮本［一九五五］一九六九：二九）。

外来資本の誘致と開発主義的近代化

宮本は離島民に対する「政治」の責任を厳しく指摘したうえで、半世紀分の「島の後進性をとりもど」し、生活と生産を向上させるためには、「島を資本主義機構へ正しく仲間入りさせなければならず、「それは交通の完備によってなされねばならない」と喝破する。ただし、「資本主義経済をささえているブルジョア民主主義」の論理に任せていては、離島交通は「利潤性」も選挙の集票効果も低いので置き去りにされてしまう。離島開発においては、「国家資本」の投下も必要であり、「資本主義的な政治組織の中へ社会主義的なものをみちびき入れなければならない」のである（宮本［一九五五］一九六九：三七-三八）。

宮本は、島々の港が地方鉄道網の附属航路の末端になってしまった現実を、いったん受け入れねばならないという。そのうえで、港からの島内の幹線道路を整備し、自動車が通行可能な状態を作るよう提唱する。島の「玄関は一つで」よく、港から「大きくて速力の速い」船によって本土の国鉄路線に結びつくことを最優先すべきである。ただし、離島への航路と島内のバス路線は、民間企業に任せていては「生活が圧迫せられること」があるので、公営化されるべきである（宮本［一九五五］一九六九：三三一‐三九）。

以上の交通路の整備と輸送の動力化が達成されたとしても、「島に資本の蓄積がおこらねば島はよくならない」。そのために求められるのは、生産の動力化であった。敗戦後も本土に比べて圧倒的に人力に頼る部分が大きかった離島の農林漁業を、できるだけ機械化していくことである。さらに、「島の位置と生産力と利用価値を十分にかんがえて、それにふさわしい対策をたてなければならぬ」。具体的には、島内や周辺漁場の資源、土壌や水質の生産性、島内の労働生産性、主要な市場への交通条件や流通コストなどを丁寧に見極めながら、生産物を戦略的に一元化することが求められる。そして、なるべく生産過程の協同化を進め、「組合を通じ統制出荷」することで、中間資本の搾取を予防する必要がある（宮本［一九五五］一九六九：四〇‐四九）。宮本は島ごとの生産のモノカルチャー化をあえて推奨し、そのうえで生産過程・流通過程を集団化・組合化することによって、生産者＝島民の一定の自律性を確保しようとしたのである。

しかし、ほとんどの離島においては、そもそも島内資本が十分に存在していない。この条件を乗り込えるには、さしあたり外来資本の誘致しかないと、宮本は言い切っている。

島の人びとはつい島を自分たちだけのものだと考えがちになる。自分たちの島の周囲を中心にした海で、自分たちの漁業はどういう位置をしめたらよいか、ということはたえず考えてみねばならぬ。そして、それには自らの資本がなければ、外来資本の導入もやむを得ないのである。(……)外来資本に対して寛大な五島の漁業が、それによって地元民の漁業をものばしているのは、そのよい例の一つであろう。(宮本［一九五五］一九六九：四二)

一九五〇年代前半の離島振興にかかわる宮本の認識と実践は、開発主義的近代化論に貫かれている。その背後には、敗戦・帝国崩壊後に激化した島々と本土との格差を埋めようとする切迫感があった。

3 コミューンへの「回帰」とアソシエーション

「国内植民地」化する島々

一九五九年と六〇年、九学会連合の佐渡調査に参加した宮本は、観光開発の矛盾と漁民の窮状を目にする。本土への玄関口である両津港から相川までの幹線道路は「全く本土とかわらないほどに道路も宿もよくなった」。そして、佐渡を訪れる観光客は急増した。だが、島内には露骨なまでに、観光関連業の「はなやかなもの」と農漁業の「忍苦にみちたもの」が「並存」していた(宮本［一九五九］一九六九：一〇〇-一〇一)。

佐渡の浦々では長らく、イカ、イカナゴ、タイ、ブリ、ヒラメ、カレイなどの釣漁が盛んだった。だが、一九六〇年前後の時点で、近世来の北前船の寄港地だった小木港と両津港以外、動力船を繋ぐ港湾施設は整備されておらず、浜に引き上げることが可能な小型船による零細漁業が続いていた。本土からやってくる動力船が底引網漁を展開し始めると、佐渡沿岸の好漁場は水産資源がたちまち減り始め、漁民の困窮は深まっていた（宮本［一九五九］一九六九：一〇三−一〇五、宮本［一九六〇］一九六九：一一七−一一八）。

一九五〇年代後半になると、日本本土各地で財力がある自治体が漁港を拡充し、漁船の大型化と動力化が進み、沖合での網漁が発達した。これは、離島沿岸の水産資源の激減をもたらした。他方で離島の大多数の漁民は、大型船を繋留する港をもたず、大型船を調達する資本もないため、「沿岸にへばりつかざるを得ない」。「海にとりまかれつつ海に背を向け」、主な生業を農業や出稼ぎに転換する離島民が続出した。さらに、深刻な人口減少にみまわれる島も現れ始めていた（宮本［一九六二］一九七〇：三六−四一）。

伊豆大島においても、外来資本がもたらす矛盾が深刻化していた。大島では水は貴重な資源だが、町会が水源地付近の土地を島外の観光資本に売る議決を行おうとして、住民の大規模な反対に遭っていた。観光コースには税金が優先的に投下され、車道や施設などが整備される反面、一次産業従事者の生活圏のインフラ整備は遅れており、多くの島民が苦役と不便のなかに放置されていた（宮本［一九六四］一九六七：四四）。こうした状況を、宮本は「国内植民地（主義）」と名づけて指弾する。

これらの現象は戦前に見られた植民地風景とどれほどの差があるのであろうか。戦前の植民地政策は戦後実に大きく訂正せられた。（……）しかし国内に伸びつつある植民地主義はこれを排撃しようとする気配は今日のところほとんど見られない。同一国内のことであるからそれでよいというようなも

のであろうか。（宮本［一九六四］一九六七：四三―四四）

当時、北海道史研究の文脈ではすでに「内国植民地」という概念が使用されていたが、日本の他の地域について「国内植民地」という言葉はまだほとんど使われておらず、宮本の用語法は特異であった〈6〉。

コミューンの再評価とアソシエーションの困難

以上のような状況を目の当たりにした宮本の離島振興の方法論は、一九五〇年代半ばまでのやや単調な開発主義的近代化論から、より複眼的な視座へと移行していく。この時期の宮本は、外来資本の導入や航路・幹線道路の整備を最優先する従前の主張をやや転換し、島の浦々・村々における自律的な生産・流通体制を回復させることを重視し始める。そのためには、各浦々に動力船が繋留できる防波堤などの港湾設備を整備するとともに、道路についても幹線だけを優先せず、島内周回道路を整備して各浦々に自動車が進入できる輸送体制を実現するべきである。いわば、「支線交通を循環交通にきりかえ」、浦々を「生産の中心地にする」ことで「末端性を解消する」提案である（宮本［一九五九］一九六九：一〇二―一〇五）。

こうした発想は、島の浦々が自律した生産・流通体制を維持しながら海上交通によって結びついていた、帆船時代についての宮本の社会史・技術史認識を抜きに捉えられないだろう。そして、外来資本の導入にとって障壁になりうるとみなされた島のコミューンも、再評価されていくのである。

そもそも、島民の生活自体が危機に瀕している島もあった。博多湾の出口に位置する玄界島は、玄界灘の豊かな水産資源に恵まれ、「明治・大正・昭和初期まで模範漁村として全国的にその名を知られていた」。だが、沿岸の漁場を本土の大型動力船に荒らされ、「戦後わずかの間に貧窮漁村になり下った」。一九五七年九月、玄界島の部落会は次のような「経済再建要項」を決定した。「渡海船による運搬は生活必需品のみとし、菓子類・清涼飲料水の運搬はしないこと」。「禁酒・禁煙を毎月十日・二十日・三十日の三日間実施する」。「結婚祝、仲人二人の外親兄弟に止め、料理を吸物二品、皿廻わり五品、贈物は親兄弟とする」。同時期に前述の姫島の青年たちが、全国離島振興協議会の支援で玄界島へ視察に行き、その激烈な緊縮策に「驚嘆した」ことを、宮本は書き残している（宮本［一九六二］一九七〇：三六-三九）。玄界島のコミューンは、全島民の生活・生計維持のために、個々人の本土市場へのアクセスを制限した。ここでコミューンによる自治は、「資本主義機構」に対する積極的防衛機能を担ったといえよう。〈7〉

玄界島ほどの困窮状況になくとも、小さな島がコミューンの自治機能を活用しつつ、同時に生産体制の自律を図るのは難しかった。宮本は一九六〇年代前半、五島列島の六島《むしま》を訪問している。六島では漁業が主な生計手段であり、「金額が一番あがる」のは島民共同所有の網を使ったイワシ漁だった。だが、農漁業では現金収入が足りないので、成人男性の大多数が冬季に九州本土の酒造場へ出稼ぎしていた。一方で六島では、「六島憲法」と呼ばれる伝統的郷則に基づき、小値賀《おぢか》島からの渡船の運営や各種公共設備の維持などのために、男性は五五歳で隠居する前の三年間と二五歳からの三年間、出稼ぎに行かずに島の公務に従事していた。〈8〉毎年投入される税金だけでは維持できない島民の生活を、強固なコミューンの自治力によってカバーしてきたのである。ところが、六島は一九五〇年に制定された水産庁の漁港漁場整備法の適用を受けられず、長らく港湾整備に税金が投入されなかった。そこで島民たちは、漁船を動力化・大型化するための防波堤の建設費用を捻出すべく、長年維持してきた防風林のマツを切って売り、さらに前述した虎の子のイワシ網まで売ってしまったという（宮本［一九六二］一九八一：一五一－三七）[9]。

同じ五島列島の大島は、六島と異なって牛の飼育や畑作などの農業が主な生業であった。やはり農漁業だけでは現金収入が足りないため、多くの島民が出稼ぎしていた。大島でも六島と同様、選挙で選ばれる総代ら役員が、中年以下の代表である若者頭らとともに、コミューンの自治を担っていた。

敗戦後、満洲から大島に引き揚げてきた男性が、島の農業の生産性を高めるために農道の拡張を提唱し、これを実現させた。さらに補助金を獲得してきて、小値賀島からの渡船専用の中古船も導入した。この男性は、総代とは別の役職として新設された公民館長に就任し、島のリーダー的存在になった。そして、出稼ぎに頼らない生産体制を確立すべく、共同耕作と畜産の共同経営を提唱した。しかし、生産共同体の運営は芳しくなかった。共同作業になっても、島民一人当たりの労働時間は減らなかった。加えて、出稼ぎによる現金収入も失われた。こうして次々と脱落者が出始め、結局この生産共同体は設立から二年も経ずに、借金を抱えたまま解散に追い込まれてしまった（宮本［一九六二］一九八一：四〇－五一）。宮本はこの件について、島内の労働状況や市場の動向などの見極めが不十分だったとして、次のように述べている。

いかに村落共同体として結束のつよい島であるからといっても、村落共同体は生活を守ることを第一の目的としたもので、生産共同体を目的としたものではない。生産共同体たらしめるためにはもっと綿密な計画が必要であり、また共同化への段階がある。（……）この島の人たちが周囲に先んじて共同経営にふみきれるもののあったのは、古い生活共同体的なつながりがつよくのこっていたためであった。が、この失敗は今後の前進体制を大きくはばむばかりでなく、古い共同体制をつきくずしたことにもなろう。（宮本［一九六二］一九八一：五〇‐五一）

すでにみてきたように、小さな離島における生活共同体＝コミューンは、玄界島、六島、大島いずれにおいても、「資本主義機構」がもたらす荒波から全島民の生活を守るための防衛機能を果たしていた。しかし、本土の「資本主義機構」のなかで離島社会が生産体制の自律を図るためには、生活共同体＝コミューンが生産共同体＝アソシエーションに再組織化されねばならない。だが再組織化に失敗した場合、コミューンさえも崩壊の危機に瀕してしまうことになるのだ。

コミューンの内発的発展としてのアソシエーション

だが、以上のような厳しい全体状況のなかで、宮本が称賛してやまないいくつかの島があった。そのひとつが、冒頭で言及した姫島とその島民たちである。

周防灘の南側、豊予海峡の北側に位置する姫島は、多島海である瀬戸内海のなかでも最西端の島にあたる。一九世紀末までは、北前船も頻繁に風待ち・日和待ちに訪れ、寄港地としても栄えていた（姫島村史編纂委員会 一九八六：一九五‐一九六）[10]。姫島付近はタイ、スズキ、サワラ、ブリ、キス、タチウオ、フグなどの回遊魚が豊富で、近世から釣漁や延縄漁による沿岸漁業が盛んだった。しかし、一九世紀まで島民の漁獲物は、大阪などの市場への運搬をとりもつ生魚船の仲買人に買いたたかれ、「一人一人の漁師はそれぞれの生魚運搬船に隷属したような形」になっていた（宮本［一九六三］一九七〇：二三五-二三六）。一九五〇年の姫島での初調査時に宮本が残したノートには、古老から聴き取った一九世紀の状況が書き残されている。

仲買ヲリョーシハオヤカタト云ッタ。シナモノヲオヤカタノウチデカリ、サカナヲモッテユク。魚ヲイクラトッタカ、ネガイクラカワカラナカッタ。（宮本他［一九五〇］二〇一六：二二）

それでも姫島の漁民たちは一九〇三年、漁業協同組合を設立し、漁業権と入漁権の自主管理を開始するとともに、組合による共同販売体制を確立して、仲買人による収奪を排除することに成功した〈11〉。また、二〇世紀に入って国東半島沿岸でタイの縛り網（底引網）漁が盛んになり、タイ釣漁に大きな影響が出始めると、姫島漁民は他の浦々の漁師たちを説得して、国東半島沿岸でのタイ縛り網漁の禁止を実現させたという。敗戦後は他の小さな離島と同じく、本土の漁船に沿岸漁場を荒らされたが、漁協が主導して、漁船を大型化・動力化すべく、漁港の改築に積極的に投資していった（宮本［一九五八］一九六九：一七-一八、宮本［一九六三］一九七〇：二三七-二三九、姫島村史編纂委員会 一九八六：一一〇）。

姫島の漁民たちは、生活共同体＝コミューンを内発的に発展させつつ、生産共同体＝アソシエーションを形作ることで、本土資本による島の漁業植民地化を防ぎ、生活と生産の自律を確保していた。多くの島々が自律の困難に直面するなか、姫島の島民の集団的創造性は、宮本にとってひとつの希望だった。

4　集団的創造性の細道

『忘れられた日本人』を懐古的消費から解放する

島にかかわる宮本の著作のなかで最も有名なのは、『忘れられた日本人』（初出：一九五九年）の冒頭に収められたエッセイ「対馬にて」であろう。一九五〇年、宮本は八学会連合の対馬調査で伊奈の集落を訪れたさい、区有の古文書を借りようとした。すると、「郷士」の代表である「区長」と「百姓」の代表である「総代」を責任者とする寄合が、まる一日がかりで文書の貸出しの可否を議論した。

三日でたいていのむずかしい話もかたがついたという。（……）みんなが納得のいくまで話し合った。だから結論が出ると、それはキチンと守らねばならなかった。話といっても理屈をいうのではない。一つの事情について自分の知っているかぎりの関係ある事例をあげていくのである。（宮本［一九五九］一九七一a：一一）

その後千尋藻《ちろも》の集落でも、宮本が古文書を見せてほしいと頼んだところ、四つの浦の総代が羽織を着て扇子を手に、わざわざ舟に乗って集まってきて、総代寄合を開いて結論を出した。この四ヵ浦総代会は、一九五〇年の時点ですでに四〇〇年の歴史を持っていたという。瀬戸内や九州周辺の離島では、長らく「村の伝承に支えられながら自治が成り立っていた」。宮本の論壇での名を高めた『忘れられた日本人』は、こうした中世的自治の伝統の「再発見」として、懐古的に読まれ、消費されてきたといえる。[12]だが他方で留意すべきは、宮本は対馬のコミューン自治について、「村里生活を秩序あらしめ結束をかたくするために役立ったが、同時に村の前進にはいくつかの障碍を与えていた」として、両義的な評価を下していることである（宮本［一九五九］一九七一a：七一一四）。宮本は翌一九五一年の九学会連合での対馬調査に参加したさいには、「この島のわるさ乏しさに、［周防大島の］自分たちがそれよりもよい生活をしていることを何とも申し訳ないように思った」と述べ、次のように言いきっている。

そうした生活のよどみの中にのこっている古い習俗をロマンチックと見、奇習と見、これをさがしもとめて訪れるものは時々あっても、その生活の低さについて真剣に考えようとする人はいくらもなかったようである。ただ島民の純朴さや古風をたたえるような紀行文や報告ばかりが多かったのである。（宮本［一九五五］一九六九：二九）

巧妙な脚色が施された『忘れられた日本人』のテクストは、民俗調査のモノグラフでもなければ、社会史的な論文でもない。他方で、同時代の政治経済的状況と切り離された懐古的物語でもない。それは、一九六〇年前後の宮本が島々の生産体制の自律を目指して格闘するなかで、遂行的に産み出した歴史記述として読まれるべきであろう。島々のコミューンは、ある局面では発展の障壁となりうるが、発展の基礎ともなりうるし、別の局面では外部からの破壊的な力に対する防衛力にもなる。宮本はコミューンを描くことを通して、同時代＝近代のただなかで島々の自治がもつ創造性の系譜を示そうとしたのだ。

「文化運動」への退却戦

しかし一九六〇年代後半、多くの島々において、宮本が希望を託したコミューンやアソシエーションの「自主性」は、急速に失われ始めていた。全国離島振興協議会の活動から距離をとった宮本は、公共事業と観光資本の誘致に熱心な島々の現況に、非常に辛辣な言葉を投げかけている。

気のきいた宿屋もでき観光客もやって来てにぎやかになる。一見発展したように見えるけれども、そこに住んでいる人たちの自主性が失われる。他所者を見るといつも物ほしそうな顔をし、他所者が一人でも多く来ることを希っている。他人にたよらねば生きてゆけないような感情が島民の間にみちて来る。（宮本［一九六八］二〇一〇a：六七）

一九七〇年、宮本は離島振興法施行からの約一八年を振り返って、「心を明るくするよりも暗くするようなことが多い」と総括している。施行の頃は、「どこで暮しても骨が折れるのにはかわりはないという風に考えているものが多かった」。だがその後、離島振興予算によって本土と架橋され「本土化」が進んだ島がある一方、本土から離れた小離島では全住民が引き揚げて無人島化した事例も増えていた。宮本は、「大きな島のみが恩恵が多い」現状は「本土における公共事業推進方式と何ら変わらない」と述べ、離島振興法体制が島々の間に強烈な格差をもたらした結果に怒りを示す（宮本［一九七〇］一九九〇：一〇）[13]。

この時期の宮本は、離島の「文化運動」に「自主性の恢復」の希望を託すようになる。宮本は、種子島の老人クラブが民俗学者・下野敏見の呼びかけによって自主的に始めた民具収集を称賛している（宮本［一九六八］二〇一〇b：九六‐九七）。佐渡島では、かつて北前船の寄港地として栄えた小木港・宿根木《しゅくねぎ》集落の住民が、廃校となった小学校の建物に民俗博物館を開設すべく民具を集め始めた。宮本はこれを支援し、三万点の民具を展示する大規模な博物館（現在の佐渡国小木民俗博物館）に成長させた。また同じ時期、宮本の事実上の弟子のひとりであった田耕《でんたがやす》（田尻耕三）が、北前船によって作られた佐渡の伝統文化を再活性化する目的をもって、和太鼓集団「鬼太鼓座《おんでこ》」を結成し、メンバーと集団生活に入った。宮本は、田らの活動も深く支援している（宮本［一九七二］二〇一三：一三三）[14]。

一九六〇年代末以後の宮本が、離島での活動を「文化運動」に特化させていったことは、「民俗学者」としての晩年にふさわしい振る舞いだったのかもしれない。だが「伝統」への傾倒が、同時代の離島社会をめぐる政治経済的諸力と切り結ぶ認識や実践からの退却戦でもあったことは否めない。

姫島という希望の細道

それでは、生前の宮本が一貫して島民の集団性を擁護し続けた姫島は、その後どのようなあゆみを経てきたのだろうか。姫島事件の翌一九六三年の春、宮本は水産学者・藤永元作からハガキを受け取った。水産庁を退官した藤永は、高松市にクルマエビ養殖の実験場を設けて、姫島での事業化に向けて準備を進めていた。姫島では一六世紀以来、漁業とともに製塩が主産業のひとつであった。だが、塩業整備臨時措置法の施行にともなって一九五九年に姫島製塩所は廃止されることになり、塩田組合の幹部らは跡地にあたる砂地をクルマエビの養殖場に転用し、姫島養魚株式会社を設立した。だが、クルマエビの養殖は技術的に難点が多かった。そこで藤永は、瀬戸内海水産開発株式会社を設立して、姫島養魚株式会社の事業を引き継ぎ、島民を従業員として雇用する計画を立て、宮本に協力を求めたのである。

一九六三年六月、宮本は藤永の招待で姫島を訪問した。このときの訪島団は豪勢で、宮本や藤永のほか、東急電鉄社長の五島昇、東宝社長の清水雅といった日本を代表する実業家、そして大宅壮一、今東光、邸永漢らの著名な作家・学者が加わっていた。また、同社の出資者には、五島や清水のほか、宮本の師の渋沢敬三を含む財界の有力者が名を連ねていた。宮本が陰で果たした役割がうかがわれる。

しかし、瀬戸内海水産開発株式会社も業績が悪く、一九六五年に同社も姫島での事業から撤退した。このとき、姫島出身の西村英一議員(後の自民党副総裁)を社長とし、姫島村や村内の有力者らが株式を保有する姫島車えび養殖株式会社が設立され、従業員や機器・技術を引き継いでいる。この第三セクター方式の会社は、ようやく一九七〇年代末になって累積赤字を解消するとともに、一九九〇年代には島内に約八〇名の雇用を生み出し、エビ類のシェアでは国内屈指の企業に成長した(宮本[一九六三]一九七〇:二四三–二四四、姫島村史編纂委員会 一九八六:三四・八四–八七・一二九–一三八・一五八–一八一、大野・板倉 一九九三:一四四–一五〇)〈15〉。

また姫島では、二〇一〇年代に入っても漁業就業者数が人口比で二割五分を超えるなど、全国の離島のなかでも経済活動に占める漁業の比重がトップクラスであり、三〜五トンの漁船を使用する家族経営主体の沿岸漁業が維持されている〈16〉。しかし二〇世紀末頃から、GPSなどの新技術の導入や天然クルマエビを目的とする底引網の使用が、乱獲による漁獲高の減少をもたらし、さらには燃料費の高騰も相まって、漁家の世代継承が危機に瀕している。二〇一九年九月現在、島内には二〇歳代の漁業従事者が一人もいない状態である。姫島はそれでも、養殖業を含む漁業と水産加工業が現在も産業として成立している、数少ない離島のひとつだ。大分大学の大呂興平ゼミナールの学生が実施した非常に水準の高い現地調査によれば、姫島では二一世紀に入って、二〇世紀初頭以来の共同販売体制――一九七〇年代に相対出荷から委託出荷に移行――を基盤としつつも、委託出荷と個人出荷を組み合わせることによって、高級魚の付加価値を確保し、漁業経営を持続可能にする方向が模索されている（大呂他 二〇一八：一〇-一一・四二-九六）。

加えて姫島村では、現在でも大分県内の市町村で唯一、若者組に淵源をもつ青年団の自治活動が機能している。[17] かつては島内六地区すべてに青年団の若者宿があり、中学卒業後に進学や集団就職などで島外に出なかった若い男性が、集団生活をしつつ地区の公共的作業を担っていた。[18] 集団生活や「夜這い」などコミューンの慣習は一九八〇年代までに消滅し、青年団も島全体で活動するようになった。だが、二〇一九年九月時点でも青年団の構成員は二〇~三二歳の二二名おり、毎年八月に九州各地から参加者を集める「姫島トライアスロン大会」を主催し、一〇月の姫島村民体育大会の運営も担っている。

一九八一年に宮本が死去して、すでに四〇年が経過した。現在、漁業や農業が――自給自足的生業としてはともかく――産業として成立している離島は、非常に少ない。自然環境や交通アクセスに恵まれ観光業が盛んな一部の島を除いて、多くの離島では人口流出が止まらず、島民の高齢化も著しい。

宮本常一は、民俗調査の対象としての「無字」の「百姓」が日本社会からほぼ消滅した後、同時代の離島社会に研究・実践の両面から深くコミットした。全国離島振興協議会時代の宮本は、離島社会を困窮から脱却させるべく島民とともにたたかい、小さな島々の自律を目指し、さらには離島民たちの水平的連帯を夢見た。本土を中心とする経済や政治の巨大な力のなかで、島の生活共同体＝コミューンを基盤としながら、それを内発的に生産共同体＝アソシエーションへと発展させていく営み、言い換えると島民の集団的創造性こそ、宮本にとって離島振興の中心的テーゼであった。高度経済成長前の「民俗調査者」としての宮本と、高度経済成長以後の「民俗学者」としての宮本のはざまにあって、同時代＝近代と激しく格闘した宮本――と無数の離島民たち――の創造性は、いまも島々に息づいている。

島々の集団的創造性は、離島の社会・経済を作り上げてきただけでなく、本土の人びとの魚食などの栄養源や文化をも支えてきた。いま進められつつある株式会社の参入といった施策は、近世以来の生産者の集団性を基盤とした漁業などに比べて、持続可能性の観点からみたとき、はるかに脆弱だといえる。わたしたちは宮本と離島民の格闘の軌跡を、もういちど振り返る必要があるのではないだろうか。

謝辞・付記
姫島現地で貴重なお話を聴かせてくださった、木野村孝一さん、須賀祥喜さん、大海明治さん、岸本慧さん、姫島村役場のみなさまに感謝いたします。本章は、明治学院大学社会学部付属研究所二〇一九年度一般プロジェクトの助成による研究成果の一部です。なお、本章には石原（二〇一一）と一部内容が重複する箇所があることを、おことわりしておきます。

注

〈1〉『大分合同新聞』一九六二年三月三〇日夕刊、同三月三一日朝刊、同四月二〇日夕刊、同五月三〇日夕刊、同七月一九日夕刊、同七月二一日夕刊、同一〇月三〇日夕刊。

〈2〉日本帝国期に沖縄などと並ぶ有数の移民送出地であった西瀬戸内の島々のなかでも、周防大島は特に移動が激しい島であり、ハワイ・朝鮮・満洲などへの出稼ぎや移住が盛んだった。なお、こうした「百姓」の再定義は歴史学者の網野善彦の著作によって人口に膾炙したが、網野の「百姓」観や「移動民」観は、渋沢敬三の日本常民文化研究所（旧アチック・ミューゼアム）において「兄弟子」であった宮本から、網野に受け継がれた発想だといえる（石原 二〇一一：一四〇）。

〈3〉小川が残した仕事の学術的先進性については、石原（二〇〇七：四三六・四九〇、二〇〇八：一三八、二〇一一：一三五・一四〇・一五五）を参照。

〈4〉岩田重則によれば、宮本が民俗調査者から社会経済史学者へ「飛翔」した契機は、離島への関与以前に求められる。それは、一九四五年の堺市爆撃によって自宅とともにそれまでに収集・記録してきた民俗調査資料の大半を焼失したこと、敗戦前後に大阪府農務課嘱託として農村の社会経済調査に従事したこと、敗戦後は新自治協会農村研究室の主任として地主調査に関与し、さらに大阪府農地部嘱託として農業経営技術史の調査研究に従事したことにある（岩田 二〇一三：一六四–一九二）。

〈5〉宮本のテクストには日本帝国の侵略／進出に対する肯定と否定が混淆しているが、漁民の「海外進出」についての宮本の歴史認識が、帝国の垂直的権力・暴力を捨象した水平的なイメージに貫かれていることは否めない（石原 二〇一二）。

〈6〉北海道をめぐる内国（国内）植民地論の展開については、今西（二〇〇七）などを参照。

〈7〉玄界島はその後、漁港の整備や漁船の動力化を実現し、ブリやタイの釣漁、沿岸でのアワビ・サザエ漁などによって、島民の経済生活も回復した。二〇〇五年の福岡県西方沖地震によって半数以上の住宅が全半壊の被害を受け、全島民が本土の福岡市内で約二〜三年もの避難生活を強いられたが、復興事業完了後に約八割が帰島を果たしている（高橋 二〇一六）。

〈8〉 次注でとりあげる中野（一九七三：八九）は、公務従事期間を隠居前三年間ではなく二年間と記録している。

〈9〉 社会学者の中野正大は一九七二年から七三年にかけて四回にわたり、六島で現地調査を行っている。宮本の記録から約一〇年を経た中野の調査時点では、各戸が一隻ずつ小型動力船を所有しており、一九六〇年代半ばから六島の漁獲高は上昇傾向にあった。また中野は出稼ぎについても、従来の九州本土の酒造所から岐阜県内の紡績工場などへと出稼ぎ先が多様化するとともに、冬季のブリ漁の安定によって出稼者数が減少傾向にあることを明らかにしている（中野 一九七三：七四–八二）。

〈10〉 姫島における廻船向けの本格的な波止は一八四一年、庄屋の古庄逸翁《こしょういつおう》の指導によって北浦港の入口に造られた。二〇世紀前半まで姫島の中心街は北浦であり、南浦方面に向かうメインストリートの須賀通沿いに、上陸する船員向けの商店、飲食店、旅館、「女郎屋」などが立地していた。敗戦後に九州本土との定期船の発着場が南浦に設置されると、姫島の中心街も徐々に南浦側に移動するが、須賀通には現在も一九七〇年代以前の繁栄の面影が残っている。

〈11〉 姫島漁民は沿岸漁業を持続可能にするために、一九〇四年以降毎年、漁場別・漁法別に「漁業期節」を定める複雑な自主管理を実施してきた。その歴史と現状については、宮澤（二〇〇五）と大呂他（二〇一八：四二–五四）が非常に丁寧に解説している。この自主管理は、ときに外来船とのすさまじい漁業紛争によって維持されてきた（姫島村史編纂委員会 一九八六：一二三–一二八）。

〈12〉 坂野徹が指摘するように、宮本が対馬に中世的「日本」を見出した背景として、韓国・李承晩政権による

「対馬返還」要求などの軍事的緊張のなかで、九学会連合調査に参加した研究者の間に、大陸と切り離された「日本文化」の特徴を対馬社会に見出す政治的意図が共有されていた点も重要である（坂野 二〇一二：四六-六〇）。

〈13〉敗戦後の宮本の思想と実践にとっての主敵が、田中角栄の「日本列島改造論」で頂点を迎える「補助金行政」であったという観点は、佐野眞一が早い時期に打ち出している（佐野 一九九六：三三一-三三四）。ただし佐野は、一九五〇年前後までの宮本に重点を置いているため、離島振興をめぐる宮本の認識と実践のダイナミズムについては、あまり詳しく論じていない。

〈14〉後に「鬼太鼓座」は分裂し、現在佐渡を拠点に活動している後継団体の名称は「鼓童」である。

〈15〉「平成三〇年度の姫島車えび養殖センターの事業報告」（姫島村役場所蔵）によれば、同社の二〇一八年度の生産尾数は約四一五万尾、販売総額は約五億二七〇〇万円であり、二〇一九年一月時点での従業員数は正職員三〇名、臨時職員四名である。

〈16〉姫島の沿岸漁業においては一九七〇年代以後、釣漁や延縄漁に加えて刺網漁も盛んになった。現在も同一漁家が季節ごとに複数の漁法を組み合わせて操業しているが、これは瀬戸内海域では珍しい形態である（宮澤 二〇〇五、大呂他 二〇一八：一一-三八）。

〈17〉姫島村青年団は一九一七年、処女会は一九二〇年、若者組を発展的に解消して結成された（姫島村史編纂委員会 一九八六：六八・二九一-二九六）。

〈18〉各地区の若者宿（公民館）は二〇世紀末から村の予算で順次建て替えられ、現在は正規の公民館として使用されている。

文献

安部公房　一九七一『未必の故意』新潮社。
姫島村史編纂委員会　一九八六『姫島村史』。
今西一　二〇〇七「帝国日本と国内植民地――「内国植民地論争」の遺産」『立命館言語文化研究』一九(一)、一七‐二七頁。
石原俊　二〇〇七『近代日本と小笠原諸島――移動民の島々と帝国』平凡社。
――　二〇〇八「研究手帖――〈法の波打ち際〉からの近代社会史」『現代思想』三六(四)、二三八‐二三八頁。
――　二〇一一「〈島〉をめぐる方法の苦闘――同時代史とわたりあう宮本常一」『現代思想』三九(一五)、一三四‐一五七頁。
岩田重則　二〇一三『宮本常一――逸脱の民俗学者』河出書房新社。
経済企画庁総合開発局　一九六八『離島地域における社会開発と経済開発の関連に関する調査　姫島編』。
宮本常一　著／田村善次郎　監修・校閲　［一九五〇］二〇一六『農漁村採訪録　XVIII　姫島調査ノート』周防大島文化交流センター。
宮本常一　［一九五五］一九六九「おくれをとりもどすために」『宮本常一著作集4』未來社。
――　［一九五八］一九六九「島に生きる」『著作集4』。
――　［一九五九］一九六九「佐渡をまわる」『著作集4』。
――　［一九五九］一九七一a「対馬にて」『著作集10』。
――　［一九五九］一九七一b「梶田富五郎翁」『著作集10』。
――　［一九六〇］一九六九「佐渡の小木岬」『著作集4』。
――　［一九六一］一九七〇「離島の前進のために」『著作集5』。

――［一九六二］一九八一「島の共同体」『著作集26』。

――［一九六三］一九七〇「姫島」『著作集5』。

――［一九六四］一九六七「日本列島にみる中央と地方」『著作集2』。

――［一九六八］二〇一〇a「ふるさとの島にありて思う」森本孝編／全国離島振興協議会他監修『宮本常一離島論集5』みずのわ出版。

――［一九六八］二〇一〇b「種子島西之表」『離島論集5』。

――［一九七〇］一九九〇「離島の現状」『著作集5』。

――［一九七二］二〇一三「これからの離島振興問題」『離島論集4』。

宮本常一編著［一九七七］一九八八『旅の民俗と歴史10　海の道』八坂書房。

宮本常一［執筆年不詳］一九八三「対馬漁業史」『著作集28』。

宮澤博久　二〇〇五「大分県姫島の沿岸漁業における共同体基盤型管理――沖建網漁業の漁場規制を事例として」『人文地理』五七(六)、六三二―六四七頁。

中野正大　一九七三「離島の社会構造――五島列島、六島の場合」『ソシオロジ』一八(二)、七三―一〇〇頁。

小川徹太郎［一九八七］二〇〇六「フィールド再考――調査と経験の間」『越境と抵抗――海のフィールドワーク再考』新評論。

大野公義・板倉理友　一九九三「大分県内の地域活性化活動とその経済効果にかんする調査研究Ⅲ　姫島村――車えび養殖による村の活性化」『大分大学経済研究所報』二七、一一六―一五〇頁。

大呂興平・大分大学経済学部　大呂興平ゼミナール　二〇一八『漁に生きる――姫島漁業の模索』佐伯印刷。

坂野徹　二〇一二『フィールドワークの戦後史――宮本常一と九学会連合』吉川弘文館。

佐野眞一　一九九六『旅する巨人――宮本常一と渋沢敬三』文藝春秋。

高橋和雄　二〇一六『玄界島の震災復興に学ぶ――２００５年福岡県西方沖地震』古今書院。
田村善次郎　二〇一六　「はじめに」前掲『農漁村採訪録　XVIII　姫島調査ノート』。

第8章　まだ見ぬ「われわれ」を創造する
——中米移民の集合的実践の事例から

佐々木　祐

1　「北」へと整序される集合性・創造性

もし「北」が「南」だったら

中米・グアテマラ出身のアーティスト、リカルド・アルホナ（Ricardo Arjona）の一九九六年の大ヒットアルバムは、『もし「北」が「南」だったら Si el Norte fuera el Sur』と題されている。ここに収録されている同名の一曲は、ラテンアメリカ各国およびアメリカ合衆国でもたいへんな人気を博し、同年ビルボード・ラテンポップのトップ一〇位入りを果たした。

もし北が南だったら／（……）／茶色い肌のチビこそイケてるルックス
マルコス〈1〉はメキシコのランボー／シンディ・クロフォードはわれらがメンチュウ〈2〉／レーガンはソモサ〈3〉
だったろう

フィデルはウォール街のマッチョな証券マン／チェはダブルミート・バーガーを作り／ウェットバック *mojado* のヤンキーたちはティファナへ／マイアミからはハバナへ筏が押し寄せる〈4〉

結局のところは同じことかも、もしかしたらもうちょっと惨めな……

逆さまの、だが依然として惨めな世界。ここで言及されている「北」とは、アメリカ合衆国であり、また「南」はメキシコ以南のラテンアメリカ・カリブ諸国を示していることは言うまでもない。とりわけ二〇世紀以降の「棍棒外交」と、八〇年代以降の新自由主義的世界再編によって、政治的・経済的・社会的に圧倒的な非対称関係のもとに置かれてきた諸地域に生きる多くの人々にとって、(しばしば悲惨な) 日常を「北」との対比においてとらえることが、その世界解釈と認識の枠組みに先験的に与えられているとさえいえる。

「神からはかくも遠く、合衆国にはかくも近い〈5〉」自らの位置を与件として、日常は構成される。そして、革命や独裁、クーデターや天災、治安悪化や政治腐敗といった、不確定要素に満ちた「南」における、この非対称な生、未決定な生は、「よりマシ」なあり方を不断に探し続けることを人々に要請する。合理的な予見や整合的な計画が極めて困難な状況にあって、さしあたり与えられたありあわせの諸条件を、とりあえず綯《な》い合わせ、それらしく形を繕い、なんとか辻褄をあわせながら、人々は日々を送る。日常におけるこうした実践は、自ずと「器用仕事」としての創造的な性格を帯びる。また、それ自体としては関連を持たない個別の営みの継起は、同じようになんとか日々を送る、多くの、そして地域や国を超えた、見ず知らずの集団としての「われわれ」が存在していることをどこかで感じさせずにはいないだろう。

移民たちの実践に「集合的創造性」を見ること

もちろん、このようないわば「ありきたり」の実践を、わざわざ「集合的創造性」と言挙げして論じるつもりは毛頭ない。ただ、「北」への磁場に整序されたラテンアメリカ社会に、そうした概念に通じるかもしれない潜勢的な共通条件が存在していることをここではまず確認しておきたい。

本章では、ここで示した日常のありかたと地続きな行為の一つとして、主に中米諸国からの移民現象をとりあげて考察を行う。以降で示すように、移民の直接的な要因や契機それ自体は極めて個別なものであり、また、移動過程での経験や、その都度の戦略決定は多くの場合偶然の産物であろう。そして、そこでの多様なアクターとの出会いや関係性もまた極度に偶発的かつ離散的であり、しばしばテンポラルなものでしかありえない。にもかかわらず、だからこそ、「集合的創造性」という概念を一つの軸として、そこにあるいくつかの特質を新たな形で整理し再提示することが、ここでの目的となる。

ここで使用する事実・事例や発言の多くは、二〇一五年からメキシコにおいて実施している移民・難民支援施設における筆者の調査によって得られたデータに基づく。

2　メキシコ――「縦深国境地帯」の相貌

米墨国境を越えてアメリカ合衆国での新たな生に賭ける、（多くはいわゆる「不法」）移民たちの存在は、

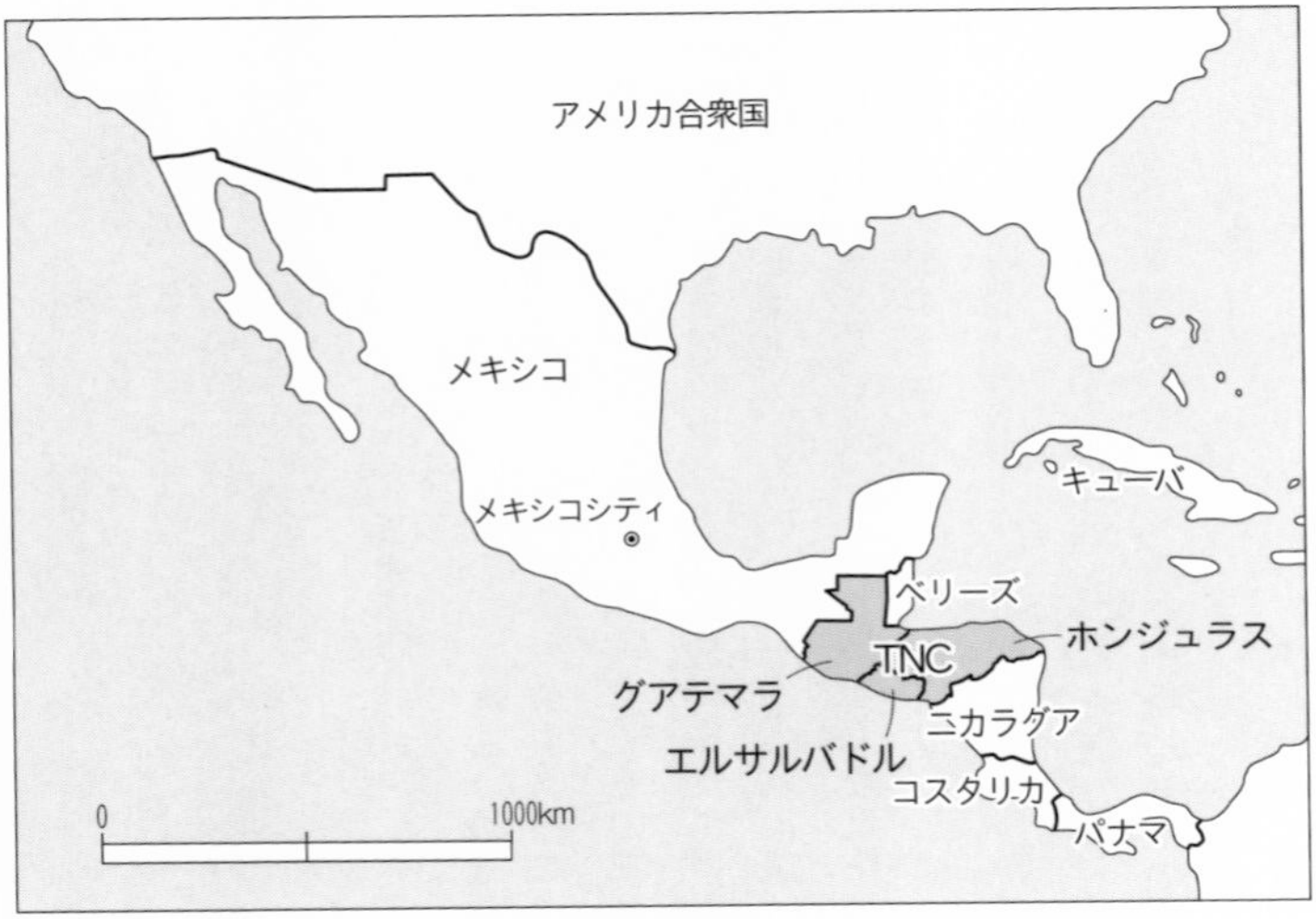

関連地図

とりわけドナルド・トランプの強硬的かつ独善的な対外政策によって、今日ますます注目を集めるようになっている。かつてはその大多数はメキシコ人によって占められていたが、移民取り締まり強化や強制送還の増加に伴い、二〇〇九年頃からその数は次第に減少傾向にある。それと反比例するように、メキシコ以南のラテンアメリカ諸国、とりわけグアテマラ・ホンジュラス・エルサルバドルの「中米北部三国 Triángulo Norte de Centroamérica」（以下、ＴＮＣ）出身者が増加し、二〇一六年以降はメキシコ出身者を超えたものとみられる。事実、二〇一八年度の合衆国南部国境地帯にて拘束された外国人はおよそ四〇万人だが、そのうち中米人がほぼ過半数を占めている[6]（U.S. Customs and Border Protection 2018）。この割合はその後も増加し続けており、二〇一九年八月末までに拘束された八一万人強のうち、六〇万人弱がＴＮＣ出身と報じられている[7]。

合衆国の移民政策は日増しにその厳しさを増して

おり（とはいえ、オバマ前政権の政策も決して移民に宥和的であったとはいえないが）、例えば二〇一九年九月、連邦最高裁判所は、難民申請資格を大幅に制限するトランプ政権の新原則に効力を認める裁定を下した。これによれば、原則として難民申請ができるのは自国から直接合衆国に入国した者のみに限定されるため、国境に到達したメキシコ人以外の外国人のほとんどはそこから除外されることになる。〈8〉

それ以前にもすでに、決定が下されるまでの間、難民申請者をメキシコ側国境地帯にて一時的に待機させる方策も合意されており（とはいえ、数ヵ月以上かかることが予想されている）、メキシコは移民の滞留地として「安全な第三国 Safe third country」の役割を実質的かつ一方的に負わされてきた。両国間の「移民保護協定」、メキシコでは一般に「メキシコでどうぞ Quédate en México」プログラムと呼ばれるこの制度で、数万人の申請者がメキシコ側に留め置かれ続けている。メキシコ政府は、「安全な第三国」として正式に指定されることには強く反対しているものの、新設された国家警備隊などを（本来の目的とは異なるが）投入するなどして国内およびメキシコ－グアテマラ国境地帯での移民への規制を強化する一方、移民への滞在許可手続の簡略化・迅速化などの対応でこれに応えようとしている。

だが以下に示す数値からもわかるように、こうした対症療法的な施策が移民たちの流れを抑制できているとは到底いえない。それどころか、メキシコへと流入する移民（および送還者）は年を経るごとに増大しているのだ。〈9〉

また、前政権下で実施され、現在もその効力を保持している移民抑制政策「南部国境プラン Plan Frontera Sur」により、強制送還措置が強化されるとともに、移民の安全確保を口実に、かつては主要な移動手段であった貨物列車（La Bestia）の利用が規制されるようになったため、移民たちが辿るルート

写真　貨物列車 La Bestia と出発を待つ移民たち
（2016 年、メキシコ・チアパス州パレンケにて筆者撮影）

は次第に多様化・複雑化し、不可視化されつつあることが指摘されている。

移民たちのうちの一定数は法的手続きを通じ、メキシコ国内での（そして可能性としては自国およびアメリカ合衆国での）安定した滞在資格の取得を試みるが、その数は毎年ほぼ倍増しているといってよい[10]。二〇一九年の申請者の内訳は、ホンジュラス出身者が二万三〇六四人と圧倒的に多く、エルサルバドル六六七一人、キューバ五三七一人に続いて、ハイチ、グアテマラ、ニカラグアが並ぶ。特に、キューバ、ハイチからの難民申請者がここ数年急増していることにも注目しておかなくてはならない。

だが、それ以上の移動を（さしあたり）断念し、別の方策を探るこうした者たちの選択は、それほど望みあるものとはいえない。難民認定作業を行うメキシコ難民支援委員会COMAR[11]の報告によると、二〇一七年から二〇一九年の間、メキシコにおいて難民申請手続きを完了したTNC出身者約二万人のうち、認定されたのはその半数程度に過ぎない。また、筆者の観察によると、煩雑かつ長期間にわたる手続きを中途で放棄し、再び移動を、あるいはメキシコでの不法滞在・就労を選択する者も多い[12]。また、メキシコ国内の移民支援ネットワークの報告によると、二〇一八年に登録された滞在移民数は三万六一九〇人であるが、これは前年度比で二七％の増大を示しており、今後もさらに増加するものと見込まれている（REDODEM 2019: 18）。

このように、メキシコはアメリカにとって、そして移民たちにとって、全土にわたって引き延ばされ構造化された移動と滞留の空間、「縦深国境地帯」としての性格をいよいよ強めつつある（佐々木 二〇一七、Garibo García 2018）。そこでは、公的機関、犯罪組織、（協力的でも敵対的でもある）市民社会や諸組織、そして移民同士の相互作用や交渉を通じ、移民たちによる不断の自己再定義と再提示が繰り広げられていることを筆者はかつて示した（佐々木 二〇一七）。以降では、「北」への強い磁場のもとに置かれながらも、自国に戻ることと、あるいはさらなる移動を続けることという、共に困難な二つの選択肢の狭間に置かれた移民たちの行為のプロセスについて見てゆく。

3　移民実践を担保する「集合性」

暴力の文化／移動の文化

移民を産出する多くの国・地域においては、貧困と犯罪が蔓延していることはここで指摘するまでもない。ＴＮＣ三ヵ国における貧困率は三割を超え、特にホンジュラスでは七〇％弱にまで達している（CEPAL 2017, 2018）。

また、二〇一七年の人口一〇万人あたり殺人件数は、エルサルバドル・六二、ホンジュラス・四二、グアテマラ・二六と極めて高い数値を示している（Banco Mundial, Homicidios Internacionales より）。ここ数年で大幅に改善されているとはいえ、エルサルバドルのこの値は、ジャマイカ、ベネズエラを抜いて世界最高であり、またホンジュラスも第五位に位置している。実際、国境なき医師団（*Médicos sin Fronteras*）がメキシコで行った調査によれば、対象者（ＴＮＣ出身の移民四六七人）のうち四三・五％が、暴力によって親族を喪っている（Médicos sin Fronteras 2017: 5）。さらに、報復を恐れて、あるいは警察への不信感から通報を行わないケースも多いことから、現状はさらに深刻なものとなっている。

地域において、貧困と犯罪はコインの両面のように分かちがたく結びついている。貧困から脱出する手っ取り早い手段の一つが、麻薬・武器密売や恐喝・犯罪行為に従事する犯罪組織の一員となることだからだ。「マラ・サルバトルチャ Mara Salvatrucha」をはじめとするそうした組織は、ＴＮＣ三ヵ国およびメキシコで広範囲に活動を行っている。麻薬・武器の密輸・密売や殺人・人身売買に従事するだけではなく、それぞれの「地区／マチ Barrio/Colonia」を実効支配しているのもこれらの（主として）若者たちだ。

（サンサルバドルで）朝、仕事でこっちの地区からあっちに行くだけでも、いちいち服を脱がされて（対抗組織の）入れ墨がないかどうかチェックされる。破られるのが嫌だから、なるべく脱ぎやすい服しか着ないようにしてたよ。［二〇一六年八月の聞き取りより］

「族 banderas」のメンバーは貧しい子供たちであるが、いまや自分の貧しいマチの顔役となり、自分たちと、そして貧しい住民たちだけが知っている地区の境界で目を光らせている。(Pradilla 2019: 27)

（ホンジュラス・サンペドロスーラのある地区では）ささやかな商売をしている者は、（組織に）毎月約三〇ドルを払わなくてはならない。ただ殺されないためだけに。別の地区では、普通の住民でさえも、自分の家に住むためにはそれなりの金額を出すことが求められる。これはかつて「戦争税 Impuesto de guerra」と、現在はより簡単に「保障 seguridad」と呼ばれている。(Pradilla 2019: 28)

（サンサルバドルの）うちのマチを統治してるのは、警察じゃなくてワルたちPandillero。犯罪なんかぜんぜんなかったよ。隣の家のテレビが盗まれたことがあったけど、やつらがすぐに捕まえてくれた。盗人を後ろ手に縛って、「殺しちゃっていいよ」ってピストルを渡してた。「いや、いい」って言ったら、「は？　ヘンな奴だな」って笑ってたよ。それでそのコソ泥はどうなったかって？　まあ、どっちみち殺されてるよ。［二〇一六年八月の聞き取りより］

暴力と貧困が綯い合わせとなった社会に充溢する「暴力の文化」から離脱するもう一つの手段が、国外への移民であることは容易に想起できよう。特に八〇年代、激しい内戦の続くグアテマラおよびエルサルバドルからは、多くの避難民がメキシコへ、そして合衆国へと流出した。そうした経験と知識とは、その後も海外への出稼ぎ経路へと接合され、現在まで機能し続けている。現状の困難を回避するために、さしあたり国外へと移動することは、彼らにとってさほど異質な振る舞いではない。まして、海外からの仕送りが、国内経済と地域社会の構造さえも変化させるようなインパクトを有している社会においてはなおさらである（García Zamora and Manuel Orozco 2009）。こうした状況は、さしあたり「移動の文化」という観点から理解可能だろう。

個体たちの共動的行為

ふたつの「文化」は互いに密接に関連し合いながら、日常を国外移動へと強力に水路づける（佐々木 二〇一七）。であればこそ、直接的な「きっかけ」それ自体は極めて些細なものであってもかまわない。曰く、「知り合いが手引き業者なしで自力で合衆国に入ったらしい」「遠い親戚がアメリカにいるらしい」「友達に行こうぜって言われて」「ニュースでキャラバン（後述）を知った」「ネットで知り合ったカノジョがメキシコにいる」「DJになりたい」「しばらく仕事のあてがないから」……［聞き取りより］。無論、犯罪や暴力の直接の被害者、あるいは近年増加しているように性的少数者が、生きのびのために国を出るケースは珍しくないし、あるいはかつて合衆国での就労経験のある者が、その経験を資源として確信のもとに再び越境を試みることも多い。だがいずれにせよ、なによりも「北」の有する引力と、圧倒的な暴力と貧困に満ちた日常への反発が、移動のための閾値を大きく低下させていることは確かである。そして、そこにはさしあたりは見ず知らずの、それでも自分と同じように移動の大河に合流する、集合としての「われわれ」の存在が想起され感知されているはずだ。そうした感覚を頼りに、そしてともすれば自らそう気づくことなく、彼らはとりあえず移民に「なる」プロセスに歩を進める。

ここまでで明らかなように、個別の事情や契機は多様でありながらも、社会に通底する共通の（多くは否定的な）諸条件を前提とした集合的な現象として「国を出る」という行為をとらえることができる。直接的には「見る」ことは（まだ）できない、ある集合としての運動体の流れに自分が参与しうるという実感、それが具体的な行為を担保しているわけである。もちろん、まだ「共同性」とまでいえるようなにかがここで意識されているとまではいえないし、またそこに過度の「主体性」を見いだすこともできはしまい。むしろ、共に同じ衝撃に突き動かされ、集合的に構築されてきた経路に足を踏み入れてしまう、「共動」的行為として移民という振る舞いは「感じられ」ているといえるだろう。

「北」への磁場によって生じた潮流の響きに、離散的に存在する個体たちが共鳴し、次第に自らもその一部へと変化してゆくこうした出来事は、いわば粒子が共振によって波動としての性格を開示するにいたる変換現象とパラレルにとらえることができる。このように、ここでは個別の粒子・個体たちが、集合的・共動的な波動へと、（しばしばそれとは意識せずに）自己をなにか違ったものへ（再）創造しているわけである。

結論をやや先取りしてしまったが、この観点について、以降では移動のさらなる過程に注目しつつより詳しく論じてゆく。

4 合理性・予測性に先行する移動実践

移動過程において「われわれ」を創造する

こうした波へと合流する移民たちの振る舞いは、単純に判断するならば「非合理」な、あるいは「無計画」な決断でもあるだろう。

経路の多様化によって移動がますます困難になっていることや、メキシコにおいて移民を標的とした犯罪や人身売買が横行していることも、彼らの間では広く知られている（例えば、二〇一〇年タマウリパス州で中米移民七二名が虐殺された事件は大きく報道された）。また、警備強化により国境越えが困難になっていること、運良く合衆国に入ることができても、強制送還の可能性が高まっていること、こういった事実も移民たちはもちろん了解している。また、メキシコ入国後、具体的にどのようなルートで、またどれほどの日数で移動を行うべきか、予め知っている者はほとんどおらず、またそもそもそれは予測可能なものでもない。

だが、単なる合理性や予測・計算可能性を超えて、彼らを行為へと向かわせるメカニズムとしてこそ、ここでは上述した集合的な共動性を設定しておきたい。だが振り返ってみれば、母国の社会自体が、そうした判断の条件たる一貫性や確実性を欠いていたのであり、現実と日常は予測可能性を遙かに超えて展開していたのであった。だとすれば、とりあえずは移民に「なる」という振る舞いに、別段の合理性や計画性、あるいはそれに基づく「主体的」な「決断」を求めることはできない。また、前節では移動のきっかけを「些細」と表現したが、この視座においてみれば、それはむしろ「必要十分」なものとして機能したことになるだろう。

集合的に切り拓かれてきた移動の波、それは単に地理的な経路としてではなく、それにまつわる知識や経験が日々蓄積されてゆく場としても機能する。具体的には、移民同士のネットワークや支援施設・組織、あるいは非合法の手引き業者[13]によって、そうした情報は保持され伝達されてゆく。

移動を開始する時点においては、あくまで想起されていた存在に過ぎなかった「われわれ」は、こうして行為の過程において具体的かつ集合的な姿をとり、機能しはじめる。またそこには、移民自身のみならず、支援組織やメキシコ市民社会、また移民関連当局や手引き業者、そして否定的な意味ではあるが犯罪組織といった多様なアクターまでもが機能要件として含み込まれている。

また、この段階において、波に巻き込まれた部分としてあったそれぞれの移民は、さしあたり与えられた条件と情報をもとに次の一歩を戦略的に計算し行動する個別の存在として再び析出され、再創造されることになるだろう。状況の不確定性それ自体は依然としてそこにあるとしても、移動経路において構造化された集合性のグリッドに配置されることで、彼らにとって自らと「われわれ」をその都度創造し再確定しながら進むことを可能にするのである。

こうした経緯は、B・アンダーソンが論じたような国民国家形成前史における「巡礼」を想起させる。だが、そこには決定的な相違がある。

移民キャラバン――受肉化した運動体

「北」を目指す移民たちは、集合的に形成された道程を、（出発の段階では単独だったとしても）集合的な経験として辿りなおしてきた。だがそこで認識できるのは、それぞれの局面における、それぞれの個人や組織の集散であり、目に見える形と規模を有した集団としての「われわれ」ではなかった。それは一つには、出発の場所や時期が相異なっているからであり、また可視化されるほどのグループで行動することは、不要で好ましくない注意を惹くことにつながるからであった。特に市街地、また移民を標的にした犯罪組織が活動している地域においては、個人、あるいはせいぜい数人程度のグループで行動したほうが安全だと彼らは言う。

こうした状況に質的かつ量的な転換をもたらしたのが、二〇一八年一〇月に「発生」した「移民キャラバン Caravana migrante」であった。ホンジュラス・サンペドロスーラ（またここは世界で最も治安の悪い都市の一つでもある）を出発した約一五〇人の移民グループは、移動ルートの途上でエルサルバドル人、グアテマラ人なども糾合しながら、一週間後にはおよそ七〇〇〇人の大集団となってメキシコ－グアテマラ国境へと到達し、合法的な入国と安全な移動を求めて移民局へと押し寄せた。Facebook や Twitter、

WhatsApp といったＳＮＳによる情報の拡散がこの急速な成長の一因だという。この出来事を皮切りに、二〇一九年初頭まで大小のキャラバンが数次にわたって発生している。

すでに指摘したように、それぞれの個人は粒子状の存在として、大きな流れのもたらす響きに共振することで移民となる。離散的に生起し続けてきたこうした現象がある瞬間に同期し、より大きな共振の連鎖として産み出されたのが、この移民キャラバンだといえる。これまではかろうじて感知されるに過ぎなかった「北」への流れと「われわれ」が、ここで一気に実体化され可視化されたわけである。もちろん、初期条件は人為的にもたらされたとしても[14]、それ以降の展開は単なる予測や計算を超えた自然発生的なものであったといってよい。

これ以前にも、移民の集団行動はいくつか行われてきた（Martínez Hernández-Mejía 2018）。例えば、タバスコ州・テノシケにある移民支援施設「72」では、トマス・ゴンサレス神父の主導により、聖週間の時期に移民たち自身による「十字架の道行き Via crusis」が行われてきた。十字架を背負った移民たちが、自分たちの苦難の旅路を、ゴルゴタの丘へと処刑に赴くキリストの道行きに擬して再演する。その内の多くは、実際そこから北へ向かっての困難な道行きを継続する。あるいは、メキシコにおいて死亡・行方不明となった移民の母親たちが、真相の究明と状況の改善を求め、移民たちの道行きを辿りなおす取り組みはこれまでいく度となく行われてきた。また、二〇一八年四月には、米墨共同の移民支援団体 Pueblo Sin Frontera の呼びかけで、より小規模ではあるがメキシコ南部・タパチュラから国境までの移民キャラバンが実施されている。こうした数々の経験をも綯い合わせ継承しながら、巨大な運動体は自己の姿を受肉化させたわけである。

ただ、人々が流れに参入する際の機制については、大きな変化はないとみてよい。

（メキシコシティまで）どうやって来たかって？　ただ、移民キャラバンにくっついて来たよ。一〇〇〇人だったか、二〇〇〇人だったか……？　歩くのは大変だったけど、道中の宿や飯は保証されてるし、誰も手出しできないからぜんぜん平気だった。なによりも安全だし。賢いだろ？［二〇一八年八月の聞き取りより］

「三〇分で荷造りを済ませたよ」、ホンジュラス（……）の一六歳、ホセ・メヒアは言う。朝四時に戸口で友人から「行こうぜ」と声をかけられて、すぐ彼はキャラバンに参加した。（ニュースサイト"Política Ya"より）

このように「些細」な、だが行為の引き金となるには必要十分な契機により、人は運動体の一部となる。合理的な予測性によってではなく、共鳴する粒子／波動として彼らは自らを再創造するのである。もちろん、個々の移民に話を聞いてみれば、そこにはそれぞれの「理由」や「思惑」があることは言うまでもない。だが、移民に「なる」という行為自体がそうした合理性や予測可能性に先行し、それを上書きしてしまっているのだ。

合衆国との圧倒的な非対称性に置かれた社会にあって、暴力と貧困に満ちた否定的な現状は、「ここではないどこか」として「さしあたり」措定され、あくまで仮想的に設定された「北」への力動を産出した。この意味において、移民のこの大きな潮動には、「巡礼」に求められるべき実体的な終局・目的が欠落しているのだ。

5　集団的自己価値創出プロセスとしての移民実践

明確な指導者を欠いたこの運動体は、北へと向かい続けてきた潜勢力を大規模な形で現出させた。そしてその圧倒的な力には、レーニンならば「党」とでも表現しただろう、指向性と恒常性のメカニズムも決定的に欠如している。移民キャラバンがもたらしたもの、それは合衆国におけるより強硬な移民規制と、メキシコのなし崩し的な係留地化であった。そして、いまや「メキシコは、中米人を呑み込む巨大な共同墓地」(Pradilla 2019) と化している。ある者は経路を逆に辿って母国に戻り、またある者は米墨国境でいつ届くかも知れない裁定を待ち、またある者はメキシコでのさしあたりの生きのびを探る。移民たちを標的とした犯罪は増加し、また彼らを対象としたトラフィッキング・ビジネスはかつてない規模で成長しつつある。

では、「意図せざる」、そしてある意味では予測可能でもあったこうした「結果」は、この運動体の失敗を意味するのであろうか。

そうではない。個別の粒子たちが潜勢的に有していた震えを、この運動は「北」への傾向性として解放し、大きな波動へと変化させた。まだ見ぬ「われわれ」の多数性と力能を、到来すべき新たな自己として常に感じながら移民たちは動き続ける。この過程で試みられているのは、移民という集合実践に参入することで、自らの構造を組み替え、またそこに「われわれ」をその都度現出させることである。暴力と貧困によって抑圧され封殺されていた自己の価値を、移民という実践において新たな形で創出すること、それがここで生起していることである。

注

〈1〉マルコス副司令官 Subcomandante Marcos（19??–）。一九九四年、新自由主義に抗してメキシコ南部・チアパス州にて武装蜂起した先住民組織・サパティスタ民族解放軍の指導者の一人。

〈2〉リゴベルタ・メンチュウ・トゥム Rigoberta Menchú Tum（1959–）。グアテマラ・キチェ出身の女性先住民運動指導者。一九九二年にノーベル平和賞受賞。著書に『私の名はリゴベルタ・メンチュウ』（一九八三、邦訳一九八七）など。

〈3〉アナスタシオ・ソモサ・デバイレ Anastasio Somoza Debayle（1925–1980）。ニカラグアの独裁者・ソモサ一族最後の大統領。一九七九年のサンディニスタ民族解放戦線の全国的攻勢により失脚・亡命（翌年暗殺）。

〈4〉アメリカ合衆国における（元来はメキシコ人）不法移民に対する蔑称。

〈5〉一九世紀末〜二〇世紀初頭に開発独裁体制（Porfiriato）を敷いたメキシコの軍人・政治家ポルフィリオ・ディアス Porfirio Díaz（1830–1915）がメキシコについて嘆息した際のものとされる言葉。

〈6〉ここにはTNC以外のラテンアメリカ・カリブ出身者や、また近年ではアフリカからの入国者も含まれているが、その比率は現時点ではまだ少ないといってよい。

〈7〉二〇一九年九月一二日付、BBCニュース（https://www.bbc.com/news/world-us-canada-49669811）。

〈8〉ただし、それ以前の第三国にて難民申請が却下された者についてはその限りではない。

〈9〉メキシコへの中米国籍者入国者数：二〇一五年・三一万五二三三、二〇一六年・三九万一〇一六、二〇一七年・四六万八六四三、二〇一八年・五〇万六〇七二（COMAR 年次報告 二〇一五、二〇一六、二〇一七、二〇一八より）。

〈10〉難民申請者数の推移：二〇一三年・一二九六、二〇一四年・二一三七、二〇一五年・三四二四、二〇一六年・八七九六、二〇一七年・一万四六一九、二〇一八年・二万九六三一、二〇一九年暫定値・四万八二五四（COMAR 年次報告 二〇一九）。

〈11〉中米における内戦からの避難民の流入に対応するため、一九八〇年にメキシコ大統領令によって設立され、内務省管轄のもと現在も移民・難民の受け入れ・認定業務を担当している。

〈12〉例えば、二〇一八年度に難民申請手続きを開始した中米出身者自体は合計およそ八七〇〇人だが、そのうち約三二〇〇人が手続きを「中断」「放棄」したと記録されている（COMAR 報告より）。

〈13〉Coyote あるいは Pollero、最近では単に Guía（ガイド）と呼ばれる。中米、あるいはメキシコ南部国境地域から合衆国国境を越えるまでの「安全」な移動のためには、それぞれの事情により五〇〇〇ドルから一万五〇〇〇ドル程度の手数料が徴収される（こうした「相場」は、移民たちにとっての恰好の話題でもある）。また、困難な地点を通過するため限定的に業者を利用する場合も多い。

〈14〉サンペドロスーラにおいて初期の移民グループが組織された経緯については諸説あるが、まだ確定的な事実は不明である。

文献・資料

CEPAL, 2017, *Panorama Social de América Latina*, CEPAL.

———, 2018, *Panorama Social de América Latina*, CEPAL.

García Zamora, Rodolfo & Manuel Orozco (coord.), 2009, *Migración internacional, remesas y desarrollo local en América Latina y el Caribe*, Porrúa.

Garibo García, María Georgina, 2018, "Migración centroamericana en tránsito por México en el marco de la externalización de la frontera estadounidense: Plan Sur y Plan Frontera Sur", *Punto Cunorte, Revista Académica del Centro Universitario del Norte*, No. 3, Universidad de Guadalajara.

Martínez Hernández-Mejía, Iliana, 2018, "Reflexiones sobre la caravana migrante", *Análisis Plural*, primer semestre de 2018, ITESO.

Médicos sin Fronteras, 2017, *Forzados a Huir del Triángulo Norte de Centroamérica: Una Crisis Humanitaria Olvidada*, AECID.

Pradilla, Alberto, 2019, *Caravana: Cómo el Éxodo Centroamericano Salió de la Clandestinidad*, Debate.

REDODEM, 2019, *Procesos migratorios en México: nuevos rostros, mismas dinámicas - informe 2018*, REDODEM.

佐々木祐　二〇一七「「縦深国境地帯」としてのメキシコ——中米移民をとりまく空間編成と社会関係についての試論」『Contact Zone』九、二四二—二六三頁。

Zanur Osorio, Alejandro, 2017, *Imágenes de la Migración: en Resplandr de la Memoria, la Fotografía en una Experiencia Migratoria México-Estados Unidos*, Bonilla Artigas Editores.

参照ホームページ

Banco Mundial　https://datos.bancomundial.org/indicador/VC.IHR.PSRC.P5?most_recent_value_desc=true

COMAR 報告　https://www.gob.mx/comar/articulos/estadistica-mayo-2020?idiom=es
Política Ya　https://politicaya.com/2018/10/24/como-se-formo-la-caravana-de-migrantes-centroamericanos/
U. S. Customs and Border Protection　https://www.cbp.gov/newsroom/media-resources/stats

第9章 「ナショナリズム」からトランスナショナルへ
――朝鮮学校のドラマツルギーからみる集合的創造性

宋 基燦

1 想像のネットワークの外への想像

ベネディクト・アンダーソンが言うように「国民」である私たちの日常生活がある想像に基づいているものであるのなら、折角のその想像力を、物理的には国民国家の枠組みの中に組み込まれてはいるものの一度も「国民」としての存在経験をしたことのない人々の境遇へと、少し伸ばしてみてはどうだろうか。直木賞受賞の同名小説を原作とした映画『ＧＯ』（二〇〇一）で、主人公杉原の親友であるジョンイルは、日本学校へ進学をすることを決めた杉原に「民族反逆者、売国奴！」と罵りながら暴力を振るう朝鮮学校の教師に向かって、「僕たちは一度も国なんか持ったことありません！」と叫んだ。ジョンイルの言う「僕たち」とは、在日コリアンのことである。

いろんな批判と反省はあるものの、依然として相対主義が文化人類学の根底に流れている基本的な考え方であることは否定できない。その相対主義的想像力を活かしてでも、もしくはアンダーソンの想像力をひっくり返してでも、本章の内容をより理解するために、「国民」から放逐された存在の境遇について具体的に想像してみることを勧めたい。すなわち、たまたま日本に生まれた「私」、しかし祖先は四代以上前から日本の地に住み着いていた歴史をせおう「私」、日本語を話し、日本語で考え、日本語で夢をみる「私」、外見は「日本人」と何ら変わりはないが、決して「日本人」にはなれない「私」、しかし通名を使い「日本人」としてパッシングすることが社会的に許されている「私」の境遇と日常生活を自分自身のそれに置き換えて考えてみることである。

しかし、この想像は決して容易なものではない。筆者を含めて国民であることの当たり前を享受してきた「われわれ」にとっては、「国を持ったことのない」という状況を理解するのはなかなか難しいことであるからだ。そこで、この理解を助けるために、「無国籍者」という概念について考えてみたい。ハンナ・アレントはヨーロッパのユダヤ人の歴史を振り返り、元々「住民」であった人々が自国の領土から放逐され、国家の成員としての身分を奪われることによって作り出されるものであると無国籍者を定義する（アレント 一九七二：二五二）。

在日コリアンを「無国籍者」として理解することには在日コリアンの方からも反発を招くかもしれないが、歴史的に現在の在日コリアンが出来上がる過程において紛れもなく「無国籍者」として放逐された記憶があることは誰も否定できない歴史的事実である。一九三六年ベルリン五輪のマラソン金メダリストは「孫基禎（ソン・ギジョン）」という植民地朝鮮の選手だった。彼は民族的には「朝鮮人」だったのである。しかし、未だＩＯＣのホームページの公式記録は、彼は「日本国籍」であり、かつ名前も「ソン・キテ」と日本語読みとして記録されている。この事実が物語ってくれるのは、当時日本の植民地であった朝鮮の人々の国籍が「日本国籍」であったことである。日本が敗戦した当時、日本には二〇〇万以上の朝鮮半島出身「帝国臣民」がいた。彼らの「日本国籍」は、一九四七年の外国人登録令によって保留・効力停止とされ、一九五二年のサンフランシスコ講和条約の後、完全に剝奪されることになる。

しかし、日本政府は一九五二年に在日コリアンの日本国籍を剝奪しながら、彼らに国籍選択の自由(日本国籍に残るか否か)も与えず、永住権も保障しなかった。このような非人道的な状況は、一九九一年にようやく制度的改善が図られた。すなわち「特別永住権」制度の施行である。日本政府は一九九一年一一月、「日本国との平和条約に基づき日本国籍を離脱した者等の出入国管理に関する特例法」に基づいて「特別永住者」(言い換えれば、旧植民地出身者およびその子孫)という在留資格制度を施行するが、多くのコリアンがこの在留資格の適用の対象となり、施行当時「特別永住者」として分類された六九万三〇五〇人の内、その殆どが在日コリアンだった。その後結婚や帰化などにより特別永住者の数は年々減少し、二〇一九年一二月の法務省統計をみると、三一万二五〇一人となっている。そのうち国籍表記が「韓国・朝鮮」の人は全体で三〇万八八〇九人(韓国国籍:二八万一二六六人、朝鮮籍:二万七五四三人)である。

植民主義により「帝国の臣民(公領域)」として編入させられ、この地の「住民(共領域)」とされたが、戦後新たに規定された「国民」という公領域から放逐されることで、「住民」としての地位や権利までも危うくされてしまった在日コリアンの境遇と、アレントの無国籍者の定義は重なるところが多い。このようにして在日コリアンは「国民国家」という世界から追放されたのである。ユダヤ人の事例からもわかるように、一旦国民国家から追放されると回復はなかなか難しくなる。日本国籍を失った後、在日コリアンの中には大韓民国国籍を取得したり、朝鮮民主主義人民共和国（以下北朝鮮）の海外公民として自分を理解したり、法的手続きを経て日本国籍の枠に戻ることを選択したり、様々な実践があったものの、在日コリアンは常に日本と韓国と北朝鮮という国家の狭間に置かれていて、どこからもフルメンバーシップを得ることができなかった。

このような所属感の欠如は、在日コリアンをアイデンティティの危機へと導いた。在日コリアンの民族教育運動という実践が民族内部の同質性を強調し、共同体の強化を目指してきたのは、このような危機感からであった。しかし、民族としての同質性を強調するためには、「日本」からの差異を見つけ出さなければならないが、すでに文化的には日本に同化している在日コリアンにとって、それは至難の業である。在日コリアン社会学者の鄭暎惠はこの困難について次のように述べている。

（私が）朝鮮系であることは間違いないが、約二世代前から日本の風土に生きてきた事実（よい悪いにかかわらず）から「日本人」であることも否定できない。キムチを食べながら味噌汁を飲み、「トンファ・パンデ」ではなく「ドウカ・ハンタイ」と声を上げる。もう既にかなり同化させられてしまっている私が「同化反対」という時、同化してしまった私の中の「部分」とどう向き合って行けばいいのだろうか。（鄭 一九九四：八）

在日コリアンにとって自分のアイデンティティを探し求める行為は、このように自分の中の「日本人である自分」との衝突を避けられない。「トンファ・パンデ（朝鮮語）」という発声は、日本語を母語とする在日コリアンと日本人社会には聴き手を持たず、「ドウカ・ハンタイ」という日本語の発声のみがアイデンティティ・ポリティクスとして機能し、意味が生まれる。この現実は、在日コリアンの民族運動だけでなく、彼（女）らの生活世界にも大きな影響を及ぼしている。国民国家から放逐されるもその国家語でのみ自己を語ることができるという矛盾に満ちた環境の中で、適応と克服の様々な実践を在日コリアンは続けてきた。

本章では、そのような在日コリアンの実践の中で、民族教育の現場、とりわけ日本最大の外国人学校組織でもある朝鮮学校の日常生活から観察される独特な言語実践の事例を通じて、集合的創造性の一例とそのメカニズムについて考察する。

2　アイデンティティ・ポリティクスの苦境

在日コリアンの民族教育運動というアイデンティティ・ポリティクスをめぐる論議には、大きく分けて、「民族」を本質主義的に捉える共同体主義的立場と、定型化された民族アイデンティティを個人に押し付けることを拒む自由主義的立場がある。しかし、日本社会の「国際化」と、在日コリアンをとりまく「社会環境」の変化につれて、民族教育をめぐる共同体主義的立場は「時代遅れ」と見做されつつある。一方、自由主義的立場は「民族」自体の解体を目指したわけではないため、徐々に「多民族共生の民族教育」へと変貌を遂げている。

日本社会の変化により、多文化主義とアイデンティティの多重性が重視されるようになっても、在日コリアンにとって本質主義的民族観は依然として健在である。それは、「民族」という本質に基づき、「国籍」という正当性の上で、「本名」という表象によって完成するというもので、在日コリアンの民族運動における支配的イデオロギーであった。しかし、そのような考えは徐々に、相対的に若い世代からの挑戦を受けることとなった。代表的には、日本国籍に帰化し法的には日本人になったにもかかわらず、名前は朝鮮式のままを貫く人々や、日本人と在日コリアンの間で生まれたいわゆる「ダブル」と呼ばれる人々が主張しているのは、韓国国籍と朝鮮籍を「朝鮮人」としてのアイデンティティと同一視できないように、朝鮮名もまた朝鮮人のアイデンティティと同一視できないというのである。そのような考えの実践として、朝鮮名を日本語読みで表記したり、朝鮮の姓の次に日本名を書いたり、または朝鮮の姓と日本の姓の双方を使うことによって、自分たちのアイデンティティが「朝鮮人」と「日本人」のどちらかに固定されることを拒む、つまり、「イルム（名前）」の本質主義を否みながら家族的類似性のようなアイデンティティへの転換を試みるのである（Kashiwazaki 2000: 56–60）。

後期ウィトゲンシュタインにおける「家族的類似性（family resembrance）」という概念は、言語に想定されている表現と意味の本質主義を否定し、意味における脱構築への可能性を開いてくれる。ウィトゲンシュタインによると、一つの表現（単語）に固定された意味などはない。言語は使われる状況によって脈絡的に意味が決定されるものであるため、一つの表現につながる諸意味を貫く「本質」は存在せず、「類似性」のみが存在しているのである（ウィトゲンシュタイン 一九七六）。彼はこの類似性を「家族的」なものと理解した。すなわち彼にとって「家族的類似性」とは、一つの固定された定義を持つ概念ではなく、状況的にあらわれる諸意味の間で、互いに重なり、また交差する類似性の複雑なネットワーク的現象に対する叙述的（descriptive）表現に過ぎないのである。「イルム」の本質主義を解体しようとする若い世代の在日コリアンの実践は、「民族」や「国民」という単語に付きまとう本質主義の言説を拒むものの、その実践によって事後的に形成される「カテゴリー」には、「日本国籍の朝鮮人」と「ダブル」という言葉につながる「家族的類似性」が発見される。ウィトゲンシュタインは、意味体系における本質主義を回避するためにあえて「家族」という語彙を選んだが、そこに彼の概念を適用すると、「家族」という単語につながる意味の家族的類似性からは、数多くの本質主義的含意が見えてくる。このようにウィトゲンシュタインの試みは、完全に脱構築の段階までは至らなかったのである。「イルム」の本質主義を解体しようとする若い世代の在日コリアンの実践から、まだ「民族」という本質主義の匂いがするのは、おそらくこの理由からであろう。

それでも「イルム」の本質主義を解体しようとする在日コリアンの若い世代の実践は、これまで「日本国籍の在日コリアン」を「民族の裏切りもの」と見做してきた在日コリアン社会の民族概念に劇的な変化を起こしているのは確かである。しかしながら在日コリアンのアイデンティティの境界を破ろうとする彼らの試みは、誰からも歓迎されたというわけではなかった。特に、在日コリアンに対する差別と長年闘ってきた人々は、彼らの実践が在日コリアン共通の集合的アイデンティティを弱体化させるものであるとして歓迎しない。しかし、このように在日コリアンを取り巻く民族環境の変化がもたらす圧力は、在日コリアンのアイデンティティの新たな在り方を求めている。

「高槻むくげの会」での研究を通じて、金泰泳は、「クレオール」や「ディアスポラ」のような在日コリアンのポストモダン的アイデンティティへの可能性を高く評価した（金泰泳 一九九九）。彼は、中学校まで本名で生活し、民族クラブの活動も一所懸命してきた在日コリアンの女生徒が、高校進学をきっかけに自分の名前を「通名」に戻した事例とその経緯を挙げながら、これまでの民族教育が見落としてきた、あるいは切り捨ててきた「民族性の在り方の多様性」に目を向けることの必要性を力説した。過去、一世たちにとって「自由」として機能していた「民族」が、二、三世にとっては「不自由」として機能するのは、時代の変化につれて個を抑圧するイデオロギーへと変質した従来の民族的アイデンティティに固執する民族教育の言説に原因があるというのである。そこで彼は、民族教育のアイデンティティ・ポリティクスを超える「戦術」としての個人の実践に注目する。つまり、必要に迫られて個人が便宜的に選択する「戦術的アイデンティティ」に「柔軟でしなやかなアイデンティティの可能性」を見出すのだ。

後期ウィトゲンシュタインとは違ってデリダなどによる脱構築の哲学は、意味体系における「類似性」より「差異」に、社会的脈略より「個人」に目を向ける。金泰泳は、このような「差異」に基づいた個人の戦術選択から構造を乗り越える個人の可能性を見出しているのである。しかし彼は、個人としての在日コリアンがそのような「戦術」を駆使しなければならない状況に至る経緯の個人史的含意を見落としている。彼の言うように、在日コリアンにおけるアイデンティティは常に可変的なものであろう。だが、それらに変化をもたらす環境や刺激が、常にその可変的アイデンティティを持つ主体の外側に「強者」として位置しているということを忘れてはならない。

アイデンティティ・ポリティクスとしての民族教育は、民族運動内部における「民族」概念の「ズレ」を認めない限り、多様な「個人」を抑圧する共同体主義の暴力に堕してしまう。しかしだからと言ってその「ズレ」を認め、それに従った戦略変更を実践するならば、マイノリティの防衛というアイデンティティ・ポリティクスの武装解除につながりかねない。このような矛盾を乗り越えながらも、ある程度の能動性をもつ「主体」の在り方を探ることはできないだろうか。これはまさに「創造性」の領域のことであろうが、在日コリアンのアイデンティティ・ポリティクスが到達したアポリアからは、もはやそのような可能性は見いだせないようである。

ところが、先に確認した「ドウカ・ハンタイ」という国家語のように、ここでもう一つの「国家語」によって構築される構造を想定することは、もしかしたら、この矛盾の解決の糸口につながるかもしれない。つまり、二重的構造の創造とそれぞれの構造で交差的に主体化することから、個人を抑圧することもなく、また個人がアトム化されることもないまま、より柔軟なアイデンティティを持った主体の可能性が開かれるのではないだろうか。このような見取り図に基づくなら、一方で「民族」という本質主義の本拠地として批判され、他方で言語と文化による政治的分離主義の空間でもある朝鮮学校の事例は、そのような可能性を探求するには適したフィールドとなる。

3　二つの言語の世界を演じる主体——朝鮮学校のドラマツルギー

学校の現場で行われている在日コリアンの民族教育は、大きく分けて、日本の公教育のなかで民族教育を推進している「民族学級型」と、民族教育が行える独立的学校を持っている「民族学校型」がある。

また、民族学校は、それを管轄する組織によって、民団系（韓国系）と総聯系（北朝鮮系）に分けることができる。その中でも、総聯系民族学校である朝鮮学校は全国に六六校（内五校は休校中）あり、学生数は六一八五人で、日本で最も大きい外国人学校組織である。学校の構成からみると、朝鮮学校は幼稚園から大学まで設置されていて、その大学の卒業生がまた朝鮮学校の教師となる循環的システムをなしている自立型教育組織でもある。朝鮮学校では、民族衣装を制服にし、日本語科目以外の全ての授業と日常生活において朝鮮語だけを使うように強制するなど、徹底した民族教育を貫いている。このように朝鮮学校だけの特殊な民族教育が可能な理由は、日本の公教育から分離された閉鎖的自治空間としての「ウリハッキョ（私たちの学校）」の存在にあったということができる。

政治的に北朝鮮を支持している総聯組織と朝鮮学校は、教科書編纂や修学旅行などの事業を通じて北朝鮮と密接なつながりを維持している。しかし北朝鮮と日本の間に国交がないため、総聯系在日コリアンと言っても北朝鮮の人々と日常的に接することができるわけではない。北朝鮮を支持するということは韓国と韓国から来た人々との交流が成り立ちにくいことを意味し、このような環境は総聯組織と朝鮮学校の言語生活が朝鮮語を母語にする集団として孤立したまま、独自の発達を促す主要因となった。

在日コリアンの母語は日本語であるために、学校空間における「朝鮮語常用」の言語実践は、根本的に演劇的であり、必然的にピジン化を避けられない。朝鮮学校の言語実践における興味深い点は、日本語と朝鮮語の言語的干渉から生まれるピジン化現象だけではなく、言語実践の二重的構造にある。その構造は朝鮮語という二次習得言語によって日常生活が行われている（強制されている）朝鮮学校の日常的実践の最も大きな特徴をなしている。朝鮮学校では日本語授業以外の全ての日常会話において朝鮮語の使用が求められているが、反射的に出てくる感嘆詞やオノマトペなどは、朝鮮学校の人々の母語が日本語である事実を喚起する。そして、まるで英会話教室で日本人同士で英語で会話練習をするような不自然さと演劇性が生まれる。これは朝鮮学校の日常的言語実践における演劇性そのものである。

しかし、演劇をするために俳優たちはセリフや仕草を覚え、それから何よりもその劇の脈絡を理解しなければならない。それと同時に、参加者たちにある程度以上の朝鮮語能力が必要である。そして彼らのこのような朝鮮語能力は、決して一日にして成ったものではない。朝鮮学校における朝鮮語教育は、非常に集中的に行われる。初級学校（日本の小学校に該当）に入学する子どもたちはすぐに本格的な朝鮮語教育を受けるようになる。さらに、体系的な教育や授業を通じてのみ行われるのではなく、授業外の日常的な実践と参加によって達成されている。

朝鮮学校における朝鮮語教育の最も特徴的な実践の一つに、「ジジョクサオプ（指摘事業）」という一種の相互監視システムによる日常的朝鮮語実践の強制がある。これは朝鮮学校という空間の中で、日本語が許された時間以外の全ての言語実践を朝鮮語で行うように、共同体の構成員皆が互いの言葉を監視することである。フィールドワークを行ったある学校では、生徒たちが「日本語のゴミ箱」を作り、お互いの言語実践を監視しながら、お互いの日本語使用を指摘する。指摘を受けた子は、指摘を受けたとき使われた日本語を紙に書き「ゴミ箱」に入れなければならない。このように「ゴミ箱」に集まった「日本語のゴミ」は、その日の総括時間（反省会）に適切な朝鮮語としてリサイクルされる。語学の学習効果を考えると確かに効率のよいやり方ではあるが、子どもたちにとっては、自分が学校外の日常で使用する言語を「ゴミ」として否定しなければならない「困難」に遭遇してしまう。ここで日常的母語としての日本語は、「ゴミ箱に入れるべき悪いもの」と「家族友人との会話に使う良きもの」に分裂する。さらにこのような日常言語の価値分裂は、子どもたちの認識と実践の価値世界も二分する。しかし二分された両方とも日常的実践が行われるリアルな世界であるために、そのどちらかを完全に否定するわけにはいかない。しかし朝鮮学校の生徒たちは、この矛盾を克服することを試みるのではなく、矛盾と共に歩む道を選ぶ。その道とは、他でもなく「演技」をすることであった。

朝鮮学校の中で行われている日常的実践を「演劇的」と把握すると、互いに厳しく指摘し合ったり、反省会のときに激しく批判し合ったりしながらも、仲の良い友達関係が維持されることや、生徒たちが校門を出るや否や即座に日本語使用モードに切り替えることなどの、彼らのいっけん「奇妙な」行動を理解することができる。舞台の上で互いに敵を演じた俳優だから、舞台の裏でも憎みあうことはないし、舞台から降りてからも演技し続ける必要はない。しかし、「演劇的」とは言え、朝鮮学校における日常的実践が本物の演劇と異なる点は、生の実在性にある。生徒たちは朝鮮学校のなかで「演技」をしながら学習し、人間関係を築き、笑い、泣き、感じ、成長していく。彼らにとって朝鮮学校は舞台の上の仮想の世界ではなくて、手で触ることができる「リアリティ」に満ちた生の空間でもある。だからこそ、その空間のなかで「演劇的」に学習された朝鮮語能力も実在性と実用性を備えているのである。

このように日本語と朝鮮語で分けられた二つの世界を行き来しながら、朝鮮学校の生徒たちは、朝鮮語と日本語の二つの言語による言語実践をしている。そのような実践は、その場面場面におけるそれぞれの抑圧に対する「非常口（exit）」を作り上げる実践でもある。そのような朝鮮学校の生徒の特性を、最もよく表しているのが「通名」の使用である。一見すると本質主義的かつ原理主義的民族意識の生成装置のように思われる朝鮮学校で学んでいる生徒たちは、通名を持たず、かりに持っていたとしても使わないと想像するだろうが、それは全くの見当はずれである。

朝鮮学校の生徒の中には、ファミリー・レストランなどで予約をする時に、普通に通名を使っている人も少なくない。学校の外は日本であるから日本の名前を使って当然というのが彼（女）らの論理である。ところが、「ここは日本だから日本の名前を使う」という論理は裏返しすると、「ここは朝鮮学校だから朝鮮語を使わなきゃ」ということになる。その意味で、朝鮮学校の生徒たちは、各々の世界という「舞台」の上で台本（文化）にあわせて日本語と朝鮮語の二つの言語世界を「演技」しているのである。その舞台における何かの圧力によって彼らの「演技」が行き詰まったとしても、彼らは心配しない。それぞれに用意された「非常口」から脱出して、もう一つの自分の世界に行けばよいのだから。

4　ある「境界人」の挫折

朝鮮学校の生徒たちは、二つの言語で構築した二つの世界を自由に横断しながら、便宜的にアイデンティティを選択する実践をしている。次の図は、朝鮮学校において個人の言語実践によって生まれる多重的自我の構造を表したものである。

朝鮮学校の生徒たちは、図のように日本語と朝鮮語という言語の軸と、分離主義的教育自治空間としての朝鮮学校の内と外を隔てる空間の軸が分けている世界を、便宜に応じて自由に横断しながら、自分のアイデンティティをマネジメントすることができる。またそもそも「国家語」であったはずの日本語

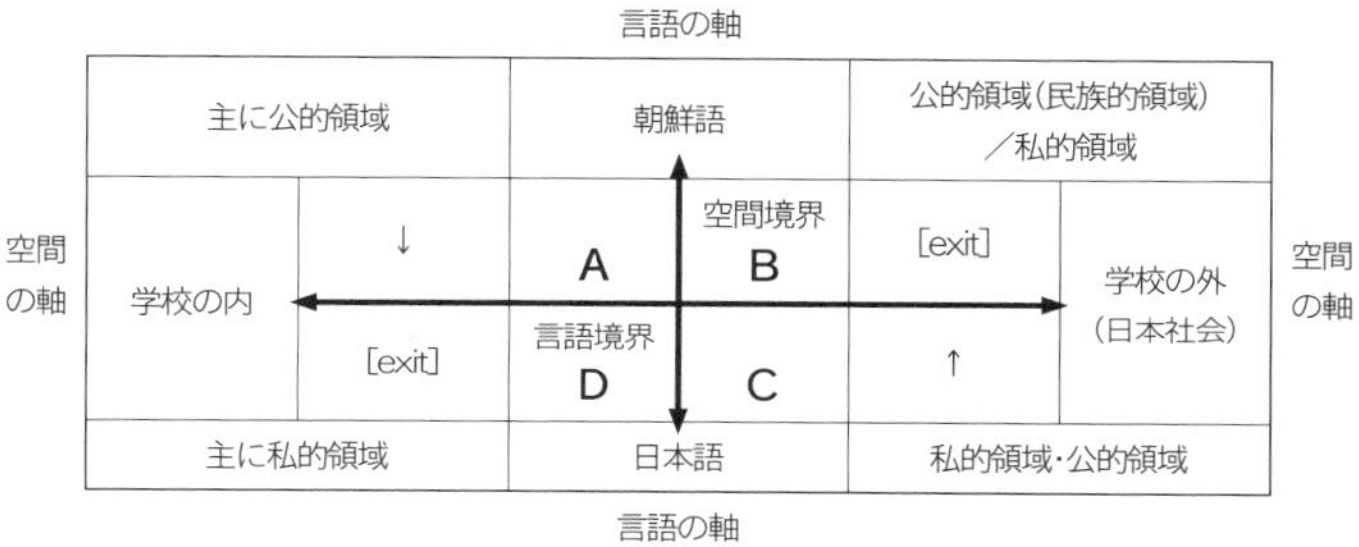

図　朝鮮学校における言語実践と多重的自我

A：朝鮮学校の内において朝鮮語発話によって現れる自我
B：朝鮮学校の外において朝鮮語発話によって現れる自我
C：朝鮮学校の外において日本語発話によって現れる自我
D：朝鮮学校の内において日本語発話によって現れる自我

と朝鮮語は、「国家語」としての地位を持つことができず、それぞれの世界において遭遇する困難を回避する「非常口」を作る道具として機能するために、それぞれの言語による主体への縛りは弱体化する。空間の軸においても学校の内と外の区分は、必ずしも物理的な区分を伴わず、状況による区分が行われるために、根本的に「領土」という本質主義的民族主義から自由である。

　国民国家の正式なメンバーシップから放逐された存在経験が、ある種の不自由を在日コリアンに与えたことは否定できない事実であり、その不自由の影響は依然として残っている。しかし、朝鮮学校の生徒たちのアイデンティティ・マネジメントの事例は、国民国家という想像の共同体から自由になることから生まれる新たな種類の「自由」を示唆する。すなわち、ナショナルな境界をいとも簡単に乗り越えられるトランスナショナルな主体にみる自由である。このようなトランスナショナルな主体の自由は、互いに対立し、互いを否定するような二つの国民国家の間の境界においても抜群の自由を見せる場合がある。朝鮮学校出身で、北朝鮮のサッカー国家代表となり、韓国のプロサッカーリーグで活躍し、今は日本のプロチームに所属している鄭大世選手はその良い事例である。それに比べて、筆者を含めて「国民国家」の正統な成員を経験した「われわれ」には、そのような自由への想像が難しい。

韓国でスパイ容疑で逮捕されたこともある在独哲学者宋斗律（ソン・ドゥユル）は、朝鮮半島の分断を克服し、平和を定着させるために南と北による「対話」を強調する。彼が強調する「対話」とは、互いの違いを認めながらも共同のものを一緒に作っていくという眼差しが必要なものである（송 2002: 124）。それは彼の師匠であるハーバーマスの言う「コミュニケーション的合理性」に基づいた「コミュニケーション行為」に影響されたものでもあるだろう。対話のためには、コミュニケーション的合理性を構築する必要があり、それは対話の相手のことを理解しようとする姿勢から始まる。彼は、このような方法論として「内在的方法論（接近法）」を提示し、この方法論で北朝鮮を理解する必要性を力説した。

宋斗律の言う「内在的方法論」とは、北朝鮮を理解するためには、北朝鮮の内部から、すなわち北朝鮮の文化と社会と哲学に立ってから北朝鮮を眺める必要があるという理論であると理解されることが多い。もちろんこのような理解も間違った解釈ではない。いっけん文化相対主義に似ていて、相手の立場から相手を理解するというごく普通の話のようにも見えるために、よく相手を理解するためには、その相手に対する「内部者」の視線と理解が必要であるという単純な理論として誤解されることもあるが、「内在的方法論」の重要なポイントは、「内在」という言葉にある。彼によると、内在的（immanent）とは、内と外の区別における「内」を意味するのではなく、「内在的」の反対の意味として「先験的（transzendental）[1]」を考えると、「内在的」という言葉の意味は「経験的（empirical）」であること、すなわ

ちその対象を経験的に研究することを意味するのである（송 2018: 400）。北朝鮮という「他者」を理解するためには、基本的にその他者が自分の主観的規定の外に位置していることから始めなければならないということになる。ハーバーマスが「コミュニケーション的合理性」と呼んでいた地点に宋の内在的方法論は立っているのである。そのために、「内在」は、「内部」とは違って、その対象とこちらの世界を分けている境界に注目する。

宋斗律は、自らを境界人（grenzganger）と認識している。この言葉は、元々イングランドとスコットランドの国境地方に出没する馬賊を意味する単語だったが、後にオーストラリアの原住民と白人移住民を区分する境界の両方を出入りする自由を持ち、二つの世界を疎通させる「ボーダーライダー（border rider）」の意味として使われるようになったという。この点で、宋斗律はドイツで朝鮮半島統一のための実践を繰り広げてきた自らの立場を投影する単語として流用している（송 2002: 6）。しかし、境界のどちら側にも属することのできない境界人は、常に境界線上に立っているため、狭い平均台の上に立っている体操選手のように非常に不安定な立場であると彼は告白する。彼の「内在的方法論」は、このように境界人の位置性を利用し、接近し難かった北朝鮮社会を人類学的に理解しようとしたものであったと言えよう。しかし、残念ながら彼の試みは失敗したように見える。境界線が分けている二つの世界を出入りすることのできる境界人としての彼の実践は、韓国社会からは「スパイ」として、北朝鮮社会からは「裏切者」として、それぞれ「呼びかけられた（interpellation）」のである。そのようなイデオロギーの中で定着し得ない境界人は、永遠に境界上を周回せざるを得ず、「ボーダーライダー」としての役割への期待は難しくなった。もちろんこのような失敗は、彼の責任にのみよるものではない。分断された

朝鮮半島の片方で生まれ、片方の成員として正統性を持つ存在の「生得的限界」であると考えられるだろう。そのような限界は、境界人の位置性を狭い平均台の上の不安定性として見つめる彼の認識においても現れると言えよう。すなわち、国民国家の国民であるという正統性を一度でも経験した存在は、必然的に存在の領土性を追い求めるのである。しかし、一〇センチ幅の平均台においてさえ「領土」を追い求める、ひいては安定のためにより広い幅の「領土」を追い求める欲望の慣性は、本来、真の「境界人」の姿勢ではないだろう。

5　朝鮮学校の集合的創造性

朝鮮学校の現場から発見される集合的創造性は、ナショナルな「領土」を想定した公式的教育内容とは裏腹に、国民国家の縛りから自由な「境界人」、すなわちトランスナショナルな主体の生成プロセスである。これは朝鮮学校における二重的言語実践の中で展開される「集団」と「個人」の独特な関係性に起因していると言える。朝鮮学校は、戦略的本質主義を掲げ、日本社会への同化に抵抗してきたマイノリティ集団の教育機関である。そのために朝鮮学校の文化の中には、本質主義的言説と集団主義的実践が紡ぎ出す「集団」が、個人に対する様々な抑圧として常に存在している。当然、このような抑圧は、抵抗する「個人」を生むが、このような抑圧に集団内部の者が真っ向から抵抗する場合、同化に抵抗し、マイノリティのアイデンティティを確保するという集団の戦略自体を弱体化する恐れがある。過去の在日コリアンの民族運動の現場には、この理由で「個人」の声を黙殺してきた事例が少なくなかった。

朝鮮学校の「個人」に見られる抵抗は、このようなマイノリティ解放戦略という集団の目的と個人間のジレンマを巧みにかわしていること、そして集団の目的に同調（もしくは加担）しつつも、抵抗の結果として集団でも個人でもない第三の地点を目指していることに、その最大の特徴がある。朝鮮学校の個人は、朝鮮学校の文化的抑圧に抵抗するが、その抵抗は決して集団の目指す目標を否定するわけではない。とは言え、決して集団に囚われることなく、第三の在り方の可能性をその抵抗の実践を通して示すのである。すなわち、朝鮮学校における個人の抵抗は、「個人」としてアトム化されることもなく、集団というシステムに囚われることもなく、新たな創造的可能性へとつながると言える。これを可能にするのは、朝鮮学校を取り巻く世界が言語実践によって二分化されていることと、その境界を自由に横断しながら、その場その場の便宜や必要性に応じて二重言語を操ることのできる個々人の演劇的実践である。

例えば、朝鮮学校の日常的実践における本質主義的言説による抑圧として代表的なものが、朝鮮学校で強制されている「ウリマル（私たちの言葉：朝鮮語）」の常用義務であるが、このような抑圧は必ず日本語を用いた言語実践によってかわされる。もちろん逆の状況も観察される。つまり、日本語が公式言語となる場面（例えば家庭を含む学校の外）においては朝鮮語が抑圧をかわしたり、もしくはそれに立ち向かう道具となる。このような状況からみて、朝鮮学校とそれを取り巻く世界における個人のアイデンティティは、先の図のように四つの自我に分かれることがわかる。

ところが、戦略的とは言え、本質主義的民族観が支配的言説となっている朝鮮学校においては、個々人の母語である「日本語」と、理想的民族語として二次的に習得した「朝鮮語」との間に、言語表現の自由度と倫理的正統性における差分が存在する。また両言語の世界を横断する言語実践は、朝鮮学校の朝鮮語にある種の「ピジン化」現象をもたらす。このような状況に対して朝鮮学校の構成員（主に生徒）たちが、自分たちの言葉を「ウリボンマル」と言っている現象は注目に値する。「ウリボンマル」とは、「ウリマル（私たちの言語）」と「イルボンマル（日本語という意味の朝鮮語）」が合わさった朝鮮学校の言葉を指している。このようにして本質主義に基づいた「ナショナリズム」の企画は、朝鮮学校における個々人の実践の中で、「祖国」でもなく、「日本」でもない、「トランスナショナル」として換骨奪胎されるのである。その過程において、個々人の実践は、集団の理念を傷つけることもなく、個人を疎外することもない。本章は、このような朝鮮学校の事例を検討分析することで、「集合的創造性」について考察した。

右で紹介した朝鮮学校の事例を「集合的創造性」の一例として考えることができるのは、朝鮮学校の個々人の日常的実践から生まれてくるものが、組織として朝鮮学校が掲げている公式的理念とは裏腹に、決してナショナルな枠組みに収まらない、自由に境界を横断できるトランスナショナルな主体であるからである。朝鮮学校の公式理念は、「真なる朝鮮人を朝鮮民主主義人民共和国の海外公民として育てること」にあり、それは学校空間における「朝鮮語と朝鮮文化の強制」というある意味暴力的抑圧装置によって、生徒に身体化されていく。しかし、教育の受容者である朝鮮学校の個々人は、このような抑圧に対して、時には抵抗し、時には協力しながら、自らを朝鮮民主主義人民共和国の海外公民ではなく、日本、韓国、北朝鮮の何処にも収まらないトランスナショナルな境界人として主体化する。この過程で、個々人が直面するあらゆる抑圧と矛盾は二重的言語による演劇的実践によってかわされたり節合されるという、朝鮮学校における「節合の知」が観察されるのである。

朝鮮学校の「節合の知」は、朝鮮学校で培われた二重言語の能力が必須であることから、言語体系に自ら参入することで形成されるラカンの主体のように、集団の目的と意志に自ら同意し参入することから始まるのである。しかし、この参入は決して全く受動的なものではない。朝鮮学校の個々人は、集団の目的と意志を一旦受け入れて、それによって得られた能力を活かして、その集団が公式的に目指す「ナショナルな主体」を「トランスナショナルな主体」へと換骨奪胎するのである。このプロセスに「集合的創造性」を認めることができる。

ところが、朝鮮学校における個々人の実践が結果的に生み出す効果を「集合的創造性」として捉えるためには、結果として作り出された創造性の恩恵を享受する集団や個人、すなわち産物としての創造性の帰属場所と、創造性における集団や個人の意図の有無について明らかにしなければならない。まず、創造性の帰属場所については、全ての社会的相互作用が生み出す結果を集合的創造性と捉えることはできないという、当然の認識から考えなければならない。朝鮮学校という特殊な分離主義教育空間の誕生には、日本社会の排外主義もその外部要因として大きく関わっていた。しかし、だからと言って、朝鮮学校の事例から認める「集合的創造性」に日本社会の排外主義も貢献したとは言えない。

また、創造性の主体における「意図」の存在についても考える必要がある。朝鮮学校の実践からみる「トランスナショナルな主体」と「節合の知」のような創造性が、サグラダ・ファミリアのように、最終的な設計案のようなものを持って企画されたものではないことは明らかである。しかし、私たちはサグラダ・ファミリアの事例からも、ブレインストーミングやKJ法においても、それに関わる人々の

「何か良いものへの目的志向」を見ることができる。そのために、集合的創造性の議論には、設計図のような意図はなかったとしても、そこに参画する人々の「良きもの」への「良き意図」は、事後的にも確認できるのである。したがって、集合的創造性の議論は、倫理学の古いテーマである「何が良いものであるか」を召喚するのであるが、少なくとも朝鮮学校の現場から確認する倫理学は、目的論でも、義務論でも説明できない新たなものであったことは今まで確認してきた。これもまた「集合的創造」の一例かもしれない。

注

〈1〉カント（Immanuel Kant）は、対象への認識を成立させることに働くア・プリオリな認識、すなわち先験的認識を「超越論的（transzendental）」と呼んだ。ここで宋斗律が言っている内在的の反対語としての「先験的」とは、この脈略からの話である。

文献

アーレント、ハンナ　一九七二『全体主義の起原2』大島通義・大島かおり訳、みすず書房。

——　一九九四『人間の条件』志水速雄訳、筑摩書房。

ウィトゲンシュタイン、ルートヴィヒ　一九七六『哲学探究』ウィトゲンシュタイン全集8、藤本隆志訳、大修館書店。

ゴッフマン、アーヴィング　二〇〇二『儀礼としての相互行為——対面行動の社会学』浅野敏夫訳、法政大学出版局。
韓東賢　二〇〇六『チマ・チョゴリ制服の民族誌――その誕生と朝鮮学校の女性たち』双風舎。
鄭暎恵　一九九四「開かれた家族に向かって――複合的アイデンティティと自己決定権」『女性学年報』一五、一一―一二三頁。
――　一九九六「アイデンティティを超えて」『差別と共生の社会学』岩波講座現代社会学15、井上俊他編、岩波書店。
梶村秀樹　一九九二『朝鮮史と日本人』梶村秀樹著作集1、明石書店。
――　一九九三『在日朝鮮人論』梶村秀樹著作集6、明石書店。
Kashiwazaki, Chikako 2000, "To Be Korean without Korean Nationality: Claim to Korean Identity by Japanese Nationality Holders", *Koreans in Japan: New Dimensions of Hybrid and Diverse Communities*, Korean and Korean American Studies Bulletin 11(1), East Rock Institute.
金徳龍　二〇〇二『朝鮮学校の戦後史――1945-1972』社会評論社。
金漢一　二〇〇五『朝鮮高校の青春――ボクたちが暴力的だったわけ』光文社。
金泰泳　一九九九『アイデンティティ・ポリティクスを超えて――在日朝鮮人のエスニシティ』世界思想社。
京都大学教育学部比較教育学研究室　一九九〇『在日韓国・朝鮮人の民族教育意識――日本の学校に子どもを通わせている父母の調査』明石書店。
松田素二　一九九六『都市を飼い慣らす――アフリカの都市人類学』河出書房新社。
――　二〇〇九『日常人類学宣言！――生活世界の深層へ／から』世界思想社。
小沢有作　一九七四『在日朝鮮人教育論　歴史篇』亜紀書房。
朴三石　一九九七『日本のなかの朝鮮学校――21世紀にはばたく』朝鮮青年社。

Ryang, Sonia, 1997, *North Koreans in Japan: Language, Ideology, and Identity*, Westview Press.
徐京植　二〇〇五『ディアスポラ紀行――追放された者のまなざし』岩波書店。
――　一九九七『分断を生きる――「在日」を超えて』影書房。
송두율 2002『경계인의 사색：재독 철학자 송두율의 분단시대 세상읽기』한겨레신문사
송두율，박영균 2018 경계인의 통일철학 한국지성과의 통일대담 건국대학교 통일인문학연구단
宋基燦　二〇一二『「語られないもの」としての朝鮮学校――在日民族教育とアイデンティティ・ポリティクス』岩波書店。
田中雅一・松田素二編　二〇〇六『ミクロ人類学の実践――エイジェンシー／ネットワーク／身体』世界思想社。
上野千鶴子　一九九八『ナショナリズムとジェンダー』青土社。
上野千鶴子編　二〇〇一『構築主義とは何か』勁草書房。
――　二〇〇五『脱アイデンティティ』勁草書房。

第10章　貧困女性の性と支援——エイジェンシー概念から考える

丸山里美

1　性の主体と客体

二〇一〇年代に入り、貧困が大きな社会問題と考えられるようになるなかで、「女性の貧困」の一つの顕著なあらわれとして、貧困ゆえに性を売買する女性たちの存在が、メディアでもたびたび報道されるようになっている。本章では、こうした貧困女性たちの性に関するエイジェンシーと、彼女たちの生を支える支援のあり方について、私が出会った女性野宿者たちを事例に考えていきたい。

フェミニズムにおける性的取引に関する議論

日本のフェミニズムのなかでは、買売春に代表される性的取引について、「性の商品化」という形で一九九〇年代にさまざまな議論が行われた。そのなかには二つの主要な立場があった。一つは、性的取引を女性に対する暴力や性的な搾取と見る立場である。代表的な論客は角田由紀子らで、ここでは性的取引に従事する女性たちは、他に女性が生活の糧を得る手段が少ないなかで、男性の支配下に入らなければ生きていけないという点で、男性による支配構造の犠牲者として考えられていた。もう一つは、性産業ではたらく当事者たちを構造の犠牲者ではなく労働者ととらえ、売春を非犯罪化することによって労働条件を改善することを目指す、セックスワーク論と総称される立場である。当初は研究者らによって主張されていたこの立場に、のちにセックスワーカー自身もくわわって、自分たちは性労働を強制されているのではなく、自由意志にもとづいて選択していると主張されるようになっていく（松沢呉一・スタジオポット編 二〇〇〇）。こうした性的取引をする女性を客体としてとらえる立場と主体としてとらえる立場の対立を中心に、一九九〇年代には多くの論客を巻き込んで、性的取引をめぐって活発な議論が交わされた。

しかしこのような議論は、二〇〇〇年代に入ると急速に下火になっていく。その理由として、性的取引をめぐってさまざまな論点が一定程度出そろったことにくわえて、性的取引をする女性たちを構造の犠牲者と考える立場により深く賛同するにせよ、自由意志で性労働に従事していると主張しはじめた当事者の存在は否定しがたかったことがあるだろう。以降、この議論は大きくは進展せず、この性的取引をめぐる二つの立場の対立は、解決をみないまま、言及されることが少なくなっていく。

二〇一〇年代以降

二〇一〇年代に入り、貧困が問題化されていくのを背景に、生活のために性的取引をする女性たちにふたたび注目が集まるようになっている。精神的に不安定で毎日定時に勤務することが難しい女性や貧困状態にある女性たちが個人売春で生計をたてている実態や（荻上 二〇一三）、生活に困窮して性的取引で生活費を稼ぐシングルマザー（鈴木 二〇一四）、奨学金を返済するために性的取引をする女子大生（中村 二〇一五）等に関する書籍が相次いで出版され、テレビでは寮や託児所つきの性産業が生活に困窮するシングルマザーの受け皿になっている現実も報道されるようになった。また、ＪＫビジネスに取り込まれる若年女性の存在についても広く知られるようになっている（仁藤 二〇一四）。つまり、貧困ゆえに性的取引に参入する若年女性の存在が、メディアをにぎわすようになっているのである。

このような現実を受けて、厚生労働省は二〇一八年から二〇一九年にかけて、「困難な問題を抱える女性への支援のあり方に関する検討会」を開催した。この検討会では、上記のような女性たちにこれまで支援施策を提供してきた婦人保護事業が、その事業の法的根拠となっている売春防止法の制定から六〇年以上が経ち、現実にそぐわなくなっていることに鑑みて、事業の対象者のたび重なる拡大によって生じた混乱を解消し[1]、生活上の困難を抱える女性たちのニーズにこたえられる事業に見直していくことが目指されている。そこでは性的取引に従事する若年女性は、支援ニーズがありながらも現在の福祉的枠組みでは十分に対応できていない存在として、その支援のあり方は一つの議論の焦点になっている。このような流れのなかで、構造的暴力のもと女性の性が搾取されているという視点は、ここ数年、より広く共有されるようになってきているように思われる。

一方で、セックスワーク論の主張は、一九九〇年代から大きく変わることなく続けられている。セックスワーカー当事者を中心にした団体SWASHでは、諸外国の買売春をめぐる法制度の状況等も紹介しながら、以前よりも洗練された形で労働者としての権利の主張を行っている（SWASH編 二〇一八）。女性への支援のあり方については、SWASH代表の要友紀子が、公的な女性福祉の支援と、SWASHが行っている支援とを対比させ、前者は非当事者によるセックスワーカーを有徴化する支援であると批判し、性産業で働く「当事者主体」の支援を求めている（要 二〇一七）という点が、特筆すべきことだろう。

このように二〇〇〇年代に入って、貧困が大きな社会問題となるなかで、性的取引をめぐる議論の布置は、一九九〇年代とは大きく変化をしてきている。そして近年の議論のなかではまた、女性を性の主体／客体のいずれでとらえるかをめぐる対立が、再燃しているように見える。

2　貧困女性の性とエイジェンシー

J・バトラーのエイジェンシー論

一九八〇年代ごろから、哲学や社会科学の領域では、自由な負荷なき主体でも、構造に規定されるだけの客体でもないものとして、エイジェンシーという概念が着目されるようになっている。これは、日本語では「行為体」「行為媒体」「行為能力」「主体的行為」などと訳され、多様な領域の研究者によってさまざまな議論が行われている。

エイジェンシーについて論じている研究者のうちの一人に、フェミニズム研究者であるジュディス・バトラーがいる。バトラーはエイジェンシーという概念を、言語によって形成され、言語を使用する媒体という意味で用いている。完全な能動態でも完全な受動態でもない言説実践の媒体という概念を導入することで、バトラーは構造に規定されながら、構造にはたらきかけてもいく実践の過程をとらえられると考えたのである。

バトラーはつぎのようにいう。「主体となるために要求されている、語られざる規範を満たさない人々を排除することで構築される主体にまで表象／代表の範囲を広げてみたとしても、それがいったいどのような意味を持つというのだろうか」（Butler 1990＝一九九九：二六）。つまり、女は「男でないものになること、男でないもので「ある」ことが求められ、男でないという、その欠如の位置につくことによって、男の本質的な機能をゆるぎないものにしなければならない」（Butler 1990＝一九九九：九四）ことを要請されてきたがゆえに、女までをもその主体に仕立て上げるよりも、主体となることで排除されてきたものに目を向け、主体に替わるものとしてエイジェンシーという概念を持ち込んだのである。バトラーのこのようなエイジェンシーに関する議論のフェミニズム理論に対する貢献の一つは、「行為以前に、その行為を意図し、その行為の結果をすべて掌握しているような自律的な主体は存在しない、ということを明らかにしたことであった」とフェミニズム研究者の岡野八代はいう（岡野 二〇〇〇：一七六）。なぜなら、主体とは、主体が構築される過程で排除され差異化され抑圧されたものを切り落とすことによって成立しているが、主体をすべてに先立って存在していると仮定してしまうことで、その構築の過程で何が行われていたかが見えなくなってしまうからである。

拙論（二〇一三）では、上記のようなバトラーの議論に依拠しながら、女性ホームレスについて論じている。〈2〉ホームレス全体のうち、女性の割合は三％にすぎない。そのため従来のホームレス研究では、ホームレスは男性であることが暗黙のうちに前提にされていた。しかしこれまでのホームレス研究から女性が排除されてきたのは、単に数が少ないということ以上に、従来の研究が前提にしていたホームレス主体像にあるように思われる。ホームレスに関する研究では、ホームレスは矯正や救済の対象とされてきたことへの反省から、一九八〇年代以降、彼らは社会秩序に対して「創造的な抵抗をする主体」であることが強調されてきた。しかし調査から見えてきたのは、女性ホームレスの日々の実践には、「抵抗」していたり「主体的である」とは思われない行為が多く含まれているということだった。そのため拙論では、「抵抗する主体」を強調したいという研究者の欲望のあまりに、女性ホームレスの存在が見えなくなってしまったのではないかと論じた。

貧困女性の性とエイジェンシー概念

このエイジェンシーの概念を、貧困女性の性の領域で用いて論じたものに、タイ人セックスワーカーを対象にした青山薫（二〇〇七）の研究がある。青山は彼女たちが行う売春を、先に述べたような選択か強制か、性の主体か客体かといった二者択一でとらえられるものではなく、奴隷制に近い搾取と主体的に選択された労働との両極がグレーゾーンでつながれた連続体であり、仕事の条件や人間関係などによって、そのどちらにもなりうるものとみなす（青山・中里見他 二〇〇八）。さらに青山は、こうした彼女たちの行為を、アンソニー・ギデンズの構造化論に立脚しながらエイジェンシーとしてとらえ、社会構造との相互行為のなかでのみ成立するが、もっぱら受け身ではなく、自らも社会的行為体（agent）として構造を変えていく可能性も持っていると説明する（青山 二〇〇七：四〇-四一）。

青山は同書のなかで、この構造化論に何度も立ち戻りながら、タイ人セックスワーカーたちがどのような構造のなかに置かれ、どのように行為しているか、そのときの選択の幅や条件を、フィールドワークにもとづいて具体的に描いている。そしてその本の最後になって、青山はそうした女性たちの支援について、つぎのようにいう。

> 私の聞き取り相手の女性たちの行為する力（エイジェンシー）を考慮すれば、非当事者としての調査者ができることは、彼女たちのその力が奪われないように、発揮できるように、支援することだろうと思う。具体的に何ができるかは、コンテクストによって違ってくるが、いずれにしても、中心となるアクターは、実際に性産業のなかでの移住労働者としての経験をし、そこから派生するアイデンティティを生きるその人びと以外にはない。彼女たちになにが必要かを知っているのは彼女たちなのだ。認識と行動の地平を拡大することのできる情報が手に入れば、どんな資源がいつどれだけ必要か、彼女たちが自分で要求できることも拡大する。（青山 二〇〇七：三六四）（傍点は筆者）

青山が「彼女たちになにが必要かを知っているのは彼女たちなのだ」というとき、本人のニーズは本人自身がもっとも把握していることが想定されている。現在はSWASHの活動も行っているこの青山の言葉は、上述したSWASH代表の要が整理しているとおり、「当事者主体」の支援が望ましいと考えてのものだろう。もちろん支援に際して、支援される当事者の声が聞かれなければならないのは当然のことである。しかしこのような主意主義的主体の想定とそれにもとづく支援のあり方は、バトラーが論じたような、主体ではなくエイジェンシーが要請された文脈を損なうような議論であるように思われる。つまり、「行為以前に、その行為を意図し、その行為の結果をすべて掌握しているような自律的な主体」（岡野 二〇〇〇：一七六）として女性たちが存在し、「支援」はその主体の意図にしたがうべきだと考えられているように思われるのである。

他にも、貧困女性の性に関する領域で、エイジェンシーについて論じている文献に、戦時性暴力をテーマにした上野千鶴子らによる編著がある。ここでは性暴力は、「強姦、売買春、恋愛、結婚」の間の連続線上に配置される、それらの間に境界を引くことが難しいものとしてとらえられている。そしてこれらの一体を「性暴力連続体」と名付け、強姦か合意かの二者択一ではない多様な経験をとらえようとしている。これは上述したように、青山が売春を選択か強制かの二者択一ではなく、搾取と労働とを両極とする連続体であるととらえていることと、同様であろう。

この編著では、女性たちのエイジェンシーについて、下記のように説明されている。「エイジェンシーとは構築主義パラダイムが、構造と主体の隘路を突破するために創りだした概念である。それは近代の主客二元論を克服するために、完全に自由な「負荷なき主体」でもなく、完全に受動的な客体でもない、制約された条件のもとでも行使される能動性を指す」（上野 二〇一八：一一）（傍点は筆者）。「エイジェンシーとは一〇〇％の服従でもなく一〇〇％の抵抗でもない、被害者の生存戦略の発露であった」（上野 二〇一八：二六）（傍点は筆者）。

同書に寄稿している茶園敏美は、同様の認識に立って、占領地女性が占領兵に対して主体的に行為していると読み取れる事例を記録から選び出し、その行為を描いている（茶園 二〇一八）。こうした視点は、戦時下の女性たちの被害に着目しようとする研究ではすくいあげられてこなかった女性たちの実践を評価しようとする点で、意義のあるものであろう。しかし女性たちの行為のなかから、主体性を発揮しているように見える行為だけをとりあげているのは、バトラーが論じたような意味では、エイジェンシーとはいえないように思われる。バトラーがエイジェンシーを持ち出したのは、主体になる過程で何が切り落とされているかを問題にしようとしたからだったが、こうしたエイジェンシーの理解では、主体的であるとは見えないような行為は、またも切り落とされ、視野の外に追いやられてしまうからである。

3　女性野宿者たちの行為

つぎに、性的取引を行っていた経験がある貧困女性がその経験をどう認識しているか、そして彼女たちが「支援」とどのようにかかわっているのかについて見ていきたい。ここでとりあげるのは、東京都内もしくは大阪府内の公園で出会い、二〇〇二年から私がその生活を調査している女性野宿者たちで、そのうち性的取引の経験について語った三人である。ただし女性野宿者たちは、性的取引を行う女性たちのなかでももっとも生活に困窮している人々であるが、性的取引を生業としているわけではないことがほとんどである。

タマコさん（三六歳）

タマコさんは調査当時三六歳。東京都内の公園で、パートナーの男性とともに野宿生活をしていた。タマコさんには軽度の知的障害があり、四級の療育手帳を持っている。小学校は普通校、中学では養護学校に行き、卒業後、工場に就職。両親は障害のある彼女の生活にさまざまに干渉し、それを窮屈に感じたタマコさんは家出を繰り返すようになる。家出中はテレホン・クラブで出会った男性に金銭をもらって生活していた。

「もう嫌だから。家にいるのも息苦しくて。詰まりそうで。…生まれてきてもさ、つまんないじゃん。自由になんないし。そういう思いもあるからね。で、なんで家出してきたかっていうとさ、親にわかってもらうために家出してたから。自分から言えないから、お父さんに。自分自身のこと、思ってること言えないから家出してたから。」〔家出いつも何日くらいしてたの?〕「一ヵ月、一ヵ月とかそんくらいかな。」…〔一ヵ月とかどこに行ってたの?〕「だからテレクラにしょっちゅうかけてたの。」…〔家出してどうやって過ごしてたの?〕「いろいろとね。あっちふらふら。」

「私なんでテレクラに電話してるか知ってる? 家出してきてるから、お金ないでしょ。」〔くれたりするの?〕「や、お金、だからお小遣いちょうだいとか言う人もいるじゃん。」〔くれたりした?〕「したよ。行くとこもないし。」

彼女が「お小遣い」と引き換えに何をしていたかの詳細は語られていないが、家出中の生活費を得る手段として、テレクラを利用していたことがわかる。そしてこの語りからは、この行為が彼女のなかでどのようなものとして認識されていたかは、十分に読み取ることができない。

その後、テレクラで出会った男性と結婚するが、一年半で離婚。また家出を繰り返すようになり、家出中に知り合った男性と野宿生活を一年半続けていた。

タマコさんに今後の生活の希望をたずねると、さまざまな一貫しない答え方をしており、野宿生活は不便なのでアパートで暮らしたい、一人暮らしをしてみたいということもあれば、内夫と二人で生活保護を受けたいということもあった。一度は内夫と二人で生活保護を受けてアパート暮らしをしようと、その第一ステップとして施設に入ったこともあったが、施設に着いてすぐ不安に駆られてそこを飛び出したということもあった。私が調査している期間中にも、内夫がある事件により警察に拘留されると、別の男性野宿者とホテル暮らしをはじめ、その生活が不安になって一人で施設に行くが、その当日に内夫が戻ってくると知って、施設を飛び出して公園に戻っていったことがあった（詳細は丸山 二〇一三）。このようにタマコさんは、夫や周囲の男性、ソーシャルワーカーなどとのときどきの関係に応じて、路上で暮らしたり、施設に入ったり、また路上に戻ったりを繰り返していた。その後、行政が低家賃で野宿者に住居を斡旋する事業をはじめた機会に、内夫とともにアパートを借りることに決め、その後は生活保護を受給して二人で暮らし続けて一〇年以上が経つ。

ケイコさん（四四歳）

ケイコさんは出会った当時四四歳。七年ほど野宿生活を続けていた。中学卒業後、工場に就職、飲食店を転々としたあと、二〇代前半で地元に戻って結婚。相手は二〇歳近く年上の農家の息子だったが、一ヵ月で離婚し、その後は飯場を転々としながら住み込みでまかないの仕事をしていた。三〇代後半で、はじめて公園で野宿。男性野宿者や生活保護受給者と路上やアパートで暮らしたり、一人で野宿していた時期もある。彼女は支援団体の活動を手伝って食料や生活に必要なものを手に入れたり、通りすがりの人の援助や売春をして収入を得ていた。

「駅のとこにいると、みんなどういうわけだか助けてくれる人もいればね。まああと、スケベ心を出す人もいるけどね。」〔へえ。どういうこと？〕「まあ女なら女なりの、そういうものを望む人もおんねん。」〔野宿してる人とかで？　じゃなくてサラリーマンとか？〕「サラリーマン。」〔何を言ってくるんですか？〕「いや、こんなこと言っていいのか悪いのかわからんけどな、やっぱ男の生理的。」〔どういって声かけてきはるんですか？〕「いや、まあ飯食いに行こうとかな。」〔ああ、そうかそうか。いくらいでって言ってくるんですか？〕「いやいやいや、これだけ出すけどいいかなって来るわけや。」〔だいたいいくらくらいなんですか？〕「まあ一〇〇〇円のときもあれば三〇〇〇円のときもあるし。まあ今で言えばフードルだな。フードル的に。でもね、こっちは遊んでるわな。ちょっとまあいたぶってやるかって気持ちになるわな。まだ若いからね。」

ケイコさんは、通行人から誘われたという売春の経験を、「こっちは遊んでるわな。ちょっとまあいたぶってやるかって気持ちになるわな」と、彼女自身がその関係をコントロールしている行為だったかのように語った。

ケイコさんは体調を崩したことをきっかけに入院。退院後については、野宿生活に戻るといったり、アパートで生活保護を受けて暮らしたいといったりしていた。当時は野宿者が病院を退院した後には、野宿生活に戻るか生活保護施設に長期入所することになるのが一般的だったが、彼女は施設入所は拒否して、今後の生活について逡巡を繰り返していた。結局、支援者のサポートを受けて生活保護申請をすることにし、短期間の施設生活を経て、九年間の野宿生活に終止符を打ち、アパート暮らしをすることになった（詳細は丸山 二〇一三）。その後、数年間その生活を維持していたが、ある日突然、すべての家財道具を置いたまま失踪した。

イツコさん（六九歳）

イツコさんは当時六九歳。河川敷にある小屋で内縁の夫とともに野宿をしていた。一三歳から工場で働きはじめ、一五歳で職場で出会った男性と結婚。子どもが二人生まれるが、二〇代後半で離婚、子どもは父親に引き取られる。その後の生活については不明な点が多いが、五〇代のとき、知り合った男性と河川敷で野宿生活をはじめた。その後一五年間、内夫とテントで暮らしていた。内夫は日雇労働をしており、その収入をすべて管理している。イツコさんはときどき生活費をもらい、二人の食費などに充てていたが、残りは内夫がパチンコなどに使ってしまう。そのため彼女は少しでも不足を補おうと、細々とアルミ缶回収もしていた。それでもお金が足りなくなると、ときには売春をすることもあるとイツコさんは語った。近所の住宅に住む男性を相手に、一回五〇〇〇円をもらっているという。

「運転手がな。な？　五〇〇〇円もらいよって。」（運転手？）「うん、うちの近くにおるねん。会社いきよるねん。勤めとるねん。その男と、今、縁が切れんわけや。…それでまあどうにかやるわけじや。…そうでもせなんだら、あれやで（生活できない）。あれ（セックス）も一瞬のうちやもん…。」

イツコさんは十分に生活費を渡してもらえないこと、ときどき振るわれていた暴力も激しくなっていたことから、内夫から逃げることを考えはじめる。そのためにはどうすればよいか、一人で福祉事務所に行って相談をし、また二つの異なる支援団体が申し出る支援策との間で迷う。そして、内夫から確実に逃れられない危険があり、またイツコさん自身の金銭的負担は大きかったが、もっともスムーズにアパート暮らしに移行できる支援策を示した支援団体に、半ば身を任せるようにして生活保護申請をし、内夫を河川敷に残して一人でアパート暮らしをはじめた（詳細は丸山 二〇一三）。その後もイツコさんは、金銭管理などに問題を抱えつつも、支援団体のサポートを受けながら継続して居宅生活を続けている。

4　集合的創造性によって生じる支援

女性野宿者たちの「選択」

以上の三人の女性の語りからわかるのは、まず彼女たちは、生活費を得るために性的取引を行っていたということである。貧困状態にあり、他の手段で収入を得る途もほとんどなかった彼女たちにとって、それは数少ない現金収入が得られる機会だった。とはいえ三人の女性たちのいずれも、積極的に性的取引に参入していったというよりは、相手方の男性から誘われた機会に応じるという形で、消極的にそれを「選択」していた。そしてその機会を、ケイコさんは自身が行為をコントロールしているかのように語っていたのに対し、タマコさんとイツコさんの語りからはそれをどのような行為として本人が認識していたかは十分に読み取れない。

以上のことから、圧倒的に生活に困窮しているなかで生活費を稼ぐべく性的行為を行っていたという点で、彼女たちを構造の犠牲者として解釈することもできるだろう。一方で、本人が望めば何らかの方法で生活保護を受給できる状態だったにもかかわらずそれをせず、消極的にではあれ性的取引をすることを自ら「選択」していたという点で、行為の主体として解釈することもできる。このようにどちらとしても解釈することができ、またいずれにせよそれは他者が外部から行う行為の意味づけでしかなく、また本人自身が行う行為の意味づけでさえ、それを語った時点や語られる場によってその認識や語り方が変化しうるものであることを考えると、彼女たちを性的取引の主体であるか客体であるか、どちらかとして断定することにはあまり意味がないだろう。むしろこれは、青山や上野らがそうしていたように、そのいずれかとしては判別しがたく、状況によって変化するような「連続体」として理解すべきもののように思われる。

また彼女たちの人生において重要な「選択」であった、野宿生活を続けていくかその生活から脱するかを決めていく場面に着目すると、タマコさんの場合には、その行為は一貫した意志にもとづくというよりも、夫や周囲の男性、ソーシャルワーカーなどとのときどきの関係に応じて頻繁に変化し、その結果として野宿生活から脱したりまたそこに戻ったりを繰り返していた。またケイコさんの場合にもイツコさんの場合にも、今後の生活について異なる見通しを持つ複数の支援的な他者との関わりのなかで、彼女たち自身の生活の見通しも短期間のうちに変化していた（詳細は丸山 二〇一三）。そしてこうした変化のなかで、彼女たちはある時点で福祉的支援につながり、長く続けた野宿生活を抜け出していくことになった。そしてそれにともなって、性的取引からも離れていった。

彼女たち三人だけではなく、私が出会った女性野宿者たちのほとんどは、このように体調の悪化や人間関係の変化、野宿後の生活の見通しの変化など、直接のきっかけになったできごとは人によってさまざまだったが、長期的に見るとどこかの時点で福祉的な支援につながり、野宿生活を脱していっていた。そしてそこには必ず支援的な他者の存在があった。女性野宿者たちは、自身だけでは野宿生活を脱することが難しく、またその困窮状態が路上で生活しているという点で可視的だったために、いずれも支援的な他者を呼び込むような存在だったといえるだろう。そしてそうした他者との出会いから、直接のきっかけやタイミングはさまざまだったが、野宿生活を抜け出すという彼女たちの生活の変化が生まれていった。

エイジェンシーと支援

性的取引をするか否か、野宿生活を脱するか否かについて、彼女たち自身は確かにそのときどきの限られた条件のなかで、その場面ごとに考え何らかの行為をしていた。しかしそれは、青山が述べているような、自分のニーズを自身で把握し、その必要性にもとづいて行動しているものとして理解するよりも、性的取引の誘いに応じるか応じないかという、偶発的になされた客の男性からの呼びかけへの消極的な反応としてなされたものであると考える方が、より理解できるように思われる。同様に、野宿生活を脱するか否かについても、上野や茶園らが想定しているような、一定の制約のなかで主体的な意図のもとで選択された行為というよりも、ときどきの体調や天候のなかで、そのときにもっとも信頼できる人との関係性に依存しながら行為し、その結果として半ば偶発的に支援を受けるか否かが決まっていったと考えた方が、より理解できるように思われる。つまりこのような彼女たちの行為は、制約された条件のもとであれ、主体的な意図やニーズを持って行われているというよりも、バトラーが論じたように、行為以前にその行為を意図し、その行為の結果を掌握しているのではないような、エイジェンシーとしての行為ではないだろうか。

憲法学者の笹沼弘志は、ホームレスの人たちとの関わりの経験から、こうした人々の選択と行為について、以下のように述べている。

何がみずからのニーズであるかを、ニーズの対象たる財・選択肢が用意される前にすでに判断できているわけではない。あるモノに出会い、それが自己の欲するものだと気づくことが多々あるように、むしろ、ニーズは後追い的に構成されるものである。精神的自律能力は、助言による選択肢の創出により、初めて涵養されるのである。まず精神的自律能力があってそのあとに選択がなされるのではなく、自覚なく選んでしまった「選択」という実践を通じて初めて精神的自律能力なるものが形成されるのである。(笹沼 二〇〇八：五四-五五)

自分に何が必要かをあらかじめ本人が知っているのではなく、他者によって選択肢が示されてはじめてニーズは構成され、自覚なく選んでしまった「選択」という実践を通じてはじめて、行為する能力は生まれるというのである。これは青山や上野のように、主体的な意図やニーズを持った人による行為を想定することとは異なる、バトラーによるエイジェンシーの理解と同様のものだろう。人の行為をこのようなものとして考えることは、本章で見てきたような女性野宿者の主体的であるとは思われない存在や行為をなかったものにしてしまわないために、必要なことではないだろうか。

さらにここから、支援のあり方についても考えることができる。ここで見てきたような女性野宿者たちが野宿生活から抜け出していくとき、あらかじめ彼女たちの意図が存在し、それにしたがって支援がなされていたのではなく、野宿生活を抜け出すという「選択肢」が生み出される際には、必ず支援的な他者が介在していた。彼女たちは、困窮状態を路上にさらして生活していたために他者を呼び込むような存在であり、上述したようなエイジェンシーとしての行為の連続のなかで、支援的な他者と出会う。そしてそのときどきの体調や天候、利用できる福祉制度などの諸条件のもとで、支援的な他者と協働するなかで、その結果として半ば偶発的に野宿生活から抜け出すという新たな生活の方向性が生まれていった。このような一連のプロセスが「支援」であり、それは集合的な創造性により生じたものだということができないだろうか。

この一連のプロセスには、他者の関わりが必ず必要であった。そして行為者も支援をする人も、関わりの結果どのような事態が生じるのか、あらかじめ見通すことはできない。その意味で、関わりの結果が何らかの生活の変化をもたらすような、創造的と呼べるようなものになるかは、行為の結果として、半ば偶発的に決まるものである。このように考えると、支援とは当事者が把握している自身のニーズを実現できるように助けるというようなものではなく、こうしたエイジェンシーとしての行為の偶発的なプロセスの結果として生じた集合的な創造物と考えられるのではないだろうか。

5　受援力

最近になって、「受援力」という言葉をときどき耳にするようになった。これは二〇一三年ごろから「支援を受け入れる能力」といった意味で用いられるようになった言葉で、特に災害ボランティアの受け入れ能力を指すために使われることが多い。その背景には、阪神・淡路大震災時に被災地にかけつけたボランティアが、救援や復興に大きな力を発揮したことをきっかけに、特に災害発生時に被災地でボランティアが支援活動を行うという文化が定着しつつあるということがある。たとえば内閣府（防災担当）は、『地域の「受援力」を高めるために』というパンフレットを作成しており、そこでは「ボランティアを地域で受け入れる環境・知恵などのことを受援力（支援を受ける力）」と説明されている。そして平時から地域の情報を整理したり、ボランティア活動について知っておく、地域の人とのつながりを築いておくなど、災害時に備えて「受援力」を高めておくことが期待されている。またこのパンフレットを紹介した政府の広報ページでは、「防災ボランティアの支援を生かすためには、被災地側がボランティアの支援に上手に寄り添う「受援力」が重要です」と述べられ、支援を受ける側にも一定の能力や技術が必要であるということが説かれている。

さらにそこから派生して、医師の吉田穂波は、「助けてと言えない」孤立した人々の苦悩に触れ、「人に頼ることはいいことで、「受援力＝一つの能力」なんだ、とポジティブなイメージを持ってもらうべく、『受援力ノススメ』というパンフレットを作成している。そこでは、「人の「助けたい」気持ちを引き出す」「人の力を引き出す言葉を使う」「やる気を促す」「助けを求めるときのお作法」など受援力とは何かが説明され、また「どんな時代でも〝助けたくなる人〟になる10の法則」として、受援力を高めるための具体的な方法が提案されている。

ここでは、他者からの支援をうまく受けられるように行為することができる強い主体が想定されている。しかし本章で論じてきた女性野宿者のような、他者の存在がなければ生を紡いでいくことが難しい人々に対する支援は、この受援力という言葉が想定しているようなものとは大きく異なり、自らのニーズや意図にもとづいたものではないエイジェンシーとしての行為のなかで、他者との間の集合的な創造物として生まれるものではないだろうか。そのようなものとして支援を考えるのでなければ、本来であればより支援が必要な存在が、支援を受ける力がないとして、また排除されてしまうことになるだろう。

注

〈1〉 一九五七年に施行された売春防止法では、売春に従事する女性たちを支援するための婦人保護事業が定められていた。その対象者は、法施行当時は「要保護女子」すなわち「性交又は環境に照らして売春を行うおそれのある女子」とされていた。しかし売春の形態が変化し、保護される女性の数が減少していくのにともなって、この事業の対象となる「要保護女子」の対象範囲は「当面売春をするおそれがない者」にまで拡大されていった。さらに一九九九年の通達によって、その範囲はさらに広がり、「売春経歴のおそれの有無に係わらず、現に保護を必要とするすべての女性」が対象者となった。二〇〇一年にＤＶ防止法が制定・施行されると、ＤＶ被害女性の保護にも婦人保護事業を使ってよいこととされ、二〇〇四年からは人身取引被害者、二〇一三年からはストーカー被害者の支援にも活用されるようになっている。以上のように婦人保護事業は、当初の想定にとどまらない多様な女性が現在では活用しているものの、法的根拠が一九五七年当時のものであることから、多くの矛盾が生じている（丸山 二〇一七など）。

〈2〉 本章では、路上生活をしている人を野宿者、ネットカフェや施設に一時的に居住している人など、定まった寝場所を持たない人をホームレス、と区別している。

文　献

青山薫　二〇〇七『「セックスワーカー」とは誰か――移住・性労働・人身取引の構造と経験』大月書店。

青山薫・中里見博他　二〇〇八『公開研究会記録　セックスワーク論の再検討』お茶の水女子大学21世紀ＣＯＥプログラム「ジェンダー研究のフロンティア」。

要友紀子　二〇一七「性風俗で働く人々と〝女性自立支援〟」『立教大学ジェンダーフォーラム年報』一九、一一七－一二四頁。

丸山里美　二〇一三『女性ホームレスとして生きる――貧困と排除の社会学』世界思想社。

――――　二〇一七「見えない女性の貧困とその構造――ホームレス女性の調査から」『住民と自治』八月号、一〇－一三頁。

松沢呉一・スタジオポット編　二〇〇〇『売る売らないはワタシが決める　売春肯定宣言』ポット出版。

内閣府『地域の「受援力」を高めるために』http://www.bousai.go.jp/kyoiku/bousai-vol/product/juenryoku/index.html

中村淳彦　二〇一五『女子大生風俗嬢——若者貧困大国・日本のリアル』朝日新聞出版。
仁藤夢乃　二〇一四『女子高生の裏社会——「関係性の貧困」に生きる少女たち』光文社。
荻上チキ　二〇一三『彼女たちの売春——社会からの斥力、出会い系の引力』扶桑社。
岡野八代　二〇〇〇「主体なきフェミニズムは可能か」『現代思想』二八(一四)、一七二—一八六頁。
笹沼弘志　二〇〇八『ホームレスと自立／排除——路上に〝幸福を夢見る権利〟はあるか』大月書店。
鈴木大介　二〇一四『最貧困女子』幻冬舎。
SWASH 編　二〇一八『セックスワーク・スタディーズ——当事者視点で考える性と労働』日本評論社。
茶園敏美　二〇一八「セックスという コンタクト・ゾーン——日本占領の経験から」上野千鶴子・蘭信三・平井和子編『戦争と性暴力の比較史へ向けて』岩波書店。
上野千鶴子　二〇一八「戦争と性暴力の比較史の視座」上野千鶴子・蘭信三・平井和子編　『戦争と性暴力の比較史へ向けて』岩波書店。
吉田穂波『受援力ノススメ』https://honami-yoshida.jimdo.com/リーフレット/
Butler, Judith, 1990, *Gender Trouble: Feminism and the Subversion of Identity*, Routledge.（＝一九九九『ジェンダー・トラブル——フェミニズムとアイデンティティの攪乱』竹村和子訳、青土社）
———, 1997, *Excitable Speech: A Politics of the Performative*, Routledge.（＝二〇〇四『触発する言葉』竹村和子訳、岩波書店）

あとがき

この本は二〇一八年から続けてきた「創造性研究会」の議論が生み出した成果の一部です。この研究会に集まったメンバーはいずれも、一九九〇年代後半から二〇〇〇年代にかけて京都大学の社会学研究室で大学院時代を共に過ごし、いまは各地の大学で教員をしている働き盛りの面々です。当時、私が担当していた大学院ゼミの常連でもありました。ゼミは、「何でもありあり」スタイルで、学問分野の境界やテーマの適切性・学術性を問わず、自由に面白い報告をすることを方針としていました。議論がかみあい「理想通り」思考が深化する場合もあれば、無反応で「シーン」とした沈黙が支配するときも、あるいは議論がけんか腰になって、なかば「つかみ合い」に近いバトル状態となり、私が（びくびくしながら）「みんな仲良くしようよ」と仲裁にはいったこともありました。

こうした「ありあり」スタイルを採用したのは、私自身の研究方向とも関係していたかもしれません。私は一九九三年四月に京都大学社会学研究室に教員として赴任してきましたが、大学院時代の大半はアフリカのフィールドで過ごしており、フィールドワークを日常生活に溶け込ませそれを楽しむことしか考えていなかったので、特定の学問分野や研究テーマへの「忠誠心」はまったく持ち合わせていませんでした。社会学研究室の教員としては、これは「問題」だったと思います。やはりつねに「社会学的意義は？」とか「それは社会学的に言うと……」と問いかける教員の方が、ここには相応しいのではと思わないこともありませんでした。しかしどうしても私にはそれは無理でした。ずっと後になって、日本文化人類学会の会長になったときの就任のあいさつで「私は人類学者としてのアイデンティティはない」と言ったところ、親しい友人から「会長としてそれはまずいだろう」と注意されたこともありました。しかし、こうした特定の学問分野への帰属意識や忠誠心は、どうにも苦手で受け入れられないものでした。そんな私が京大の社会学の教員になったとき、自分で自分に課した約束事があります。それは、一つには、学生院生に「それは社会学ではない」という注文はつけないこと、そして自分自身が専門にしている「アフリカ」や「文化人類学っぽい」授業はしないということでした。その代わりに、自分で考えた理屈や、自分で検討した事例の実証についての思考を拡張し深化させることを応援することに力を注ぎました。そのことが結局、社会学という世界を拡張し、その周縁部の魅力を発信する若い研究者が自信をもって自分の世界を築き上げていくことに貢献したのではないかと感じています。

この研究会に参加し、この論集に寄稿したメンバーは、こうした松田ゼミのなかで切磋琢磨し互いに反発や共鳴しながら自分の世界を社会学の世界の周縁部につくりだしてきた友人たちです。院生当時は、「喧嘩」「深酒」「趣味」「運動」に没頭し、ゼミにも大学にもあまり来なかったメンバーたちも、今回の研究会で接してみると、知的センスのシャープさと優しい情感と熱情をあわせもった「大人」であり、議論や会話から多くを学ぶことができました。こうしたメンバーがそれぞれの大学で教えた学生さんが、私のところを受験したり訪ねてきたりすることも多く、その受け答えやときに「斜に構えた生意気な態度」に彼らの「先生」のかつての姿を重ねて思わず微笑むこともありました。

私はこの三月で京都大学を定年で退職する予定ですが、その特別な年に、彼ら彼女らと一緒に、「集合的創造性」という新しく魅力的なテーマについて共同して思考し議論し、その成果をまとめることができたことをたいへんうれしく思います。一つ一つの議論のなかに、かつてともに議論したときの私への批判であったり、提案や示唆であったりが垣間見られ、講義嫌いで三十数年間の教員生活で一冊の講義ノートもつくれなかった私の考えや主張が、より新しいスタイルで彼ら彼女らの思考のなかのほんの一部となって発展していることを確認できたことは大きな驚きであり望外な喜びでした。私の尊敬するフィールドワーカーの長島信弘さんが教員とゼミ生の関係について、好んで口にしていた「弟子なんていうな、once we were together なだけだ！」という言い方が私は大好きですが、ある時間を共有した関係のなかで、自分の思考や実践が、別の生命をもって成長していくことがあるのだと、この本をつくるにあたって改めて感じました。

この「創造性」研究会の事務局を担当したのは、阿部利洋さん、野村明宏さん、松浦雄介さんの三人です。彼ら三人は、私が京都大学に着任して最初の年の授業で出会った学生でした。今や中堅からベテランの研究者となり、それぞれが「周縁」の世界をエンジョイしながら開拓しています。この三人がこの論集の実質的なとりまとめ役です。心から御礼申し上げます。ありがとうございました。

また本書の刊行にあたって、企画段階から関わり、いつもながら素晴らしい編集をしてくれた世界思想社の中川大一さんにも感謝しています。中川さんも私が大阪市立大学に就職したときの最初の年に出会った探検部の学生でした。なおこの出版については、日本学術振興会による科学研究費助成事業のうち「研究成果公開促進費」（課題番号 20HP5238）を得たことで可能になりました。ここに謝意を表します。

二〇二一年一月

松田素二

『言葉のなかの日韓関係』（共著：徐勝・小倉紀蔵編）明石書店，2013 年。

丸山里美（まるやま　さとみ）
京都大学大学院文学研究科博士後期課程社会学専修研究指導認定退学。博士（文学）。
現　在　京都大学大学院文学研究科准教授
主　著
『女性ホームレスとして生きる――貧困と排除の社会学〔増補新装版〕』世界思想社，2021 年。
『貧困問題の新地平――もやいの相談活動の軌跡』（編著）旬報社，2018 年。
『質的社会調査の方法――他者の合理性の理解社会学』（共著：岸政彦・石岡丈昇・丸山里美）有斐閣，2016 年。
「ジェンダーから見た貧困測定――世帯のなかに隠れた貧困をとらえるために」『思想』4 月号，2020 年。
Living on the Streets in Japan: Homeless Women Break their Silence, translated by Stephen Filler, Trans Pacific Press, 2018.

（文学）。

現　在　明治学院大学社会学部教授
主　著
『硫黄島――国策に翻弄された130年』中公新書，2019年。

『群島と大学――冷戦ガラパゴスを超えて』共和国，2017年。

『〈群島〉の歴史社会学――小笠原諸島・硫黄島，日本・アメリカ，そして太平洋世界（現代社会学ライブラリー12）』弘文堂，2013年。

『近代日本と小笠原諸島――移動民の島々と帝国』平凡社，2007年。

『シリーズ 戦争と社会』全5巻（共編著：蘭信三・石原俊・一ノ瀬俊也・佐藤文香・西村明・野上元・福間良明編）岩波書店，2021～2022年。

佐々木　祐（ささき　たすく）
京都大学大学院文学研究科博士後期課程社会学専修研究指導認定退学。博士（文学）。
現　在　神戸大学大学院人文学研究科准教授
主　著
『ポスト・ユートピアの人類学』（共著：石塚道子・田沼幸子・冨山一郎編）人文書院，2008年。
「「縦深国境地帯」としてのメキシコ――中米移民をとりまく空間編成と社会関係についての試論」『Contact zone』009，2017年。
「移動する身体――メキシコにおける中米移民の現状から」『社会学雑誌』第33号，2016年。
「共同的映像のひらく可能性――メキシコ・チアパス地域先住民の実践から」『言語文化研究』第21巻第3号，2010年。

宋　基燦（ソン　ギチャン）
京都大学大学院文学研究科博士後期課程社会学専修研究指導認定退学。博士（文学）。
現　在　立命館大学映像学部准教授
主　著
『日本社会と朝鮮学校――恐怖，ヘイトスピーチ，ポストコロニアリティ』大谷大学人権センター叢書，2016年。
『「語られないもの」としての朝鮮学校――在日民族教育とアイデンティティ・ポリティクス』岩波書店，2012年。

tai chi traditionnel", *Figures de l'art* (35), 2018.

坂部晶子（さかべ　しょうこ）
京都大学大学院文学研究科博士後期課程社会学専修研究指導認定退学。博士（文学）。
現　在　名古屋大学人文学研究科准教授
主　著
『「満洲」経験の社会学――植民地の記憶のかたち』世界思想社，2008 年。
『記憶と忘却のアジア（相関地域研究シリーズⅠ）』（共著：貴志俊彦・山本博之・西芳実・谷川竜一編）青弓社，2015 年。
『二〇世紀満洲歴史事典』（共著：貴志俊彦・松重充浩・松村史紀編）吉川弘文館，2012 年。
「地域に残る加害の記憶と贖罪意識――岐阜県瑞浪市「化石山」の中国人犠牲者の慰霊碑をめぐって」『フォーラム現代社会学』第 17 号，2018 年。
「中国北方民族オロチョンの民族イベントにおける「伝統」意識――建旗 60 周年記念大会を事例に」『北東アジア研究』第 26 号，2015 年。

安井大輔（やすい　だいすけ）
京都大学大学院文学研究科博士後期課程社会学専修研究指導認定退学。博士（文学）。
現　在　立命館大学食マネジメント学部准教授
主　著
『フードスタディーズ・ガイドブック』（編著）ナカニシヤ出版，2019 年。
『マルチグラフト――人類学的感性を移植する』（共著：神本秀爾・岡本圭史編）集広舎，2020 年。
『農と食の新しい倫理』（共著：秋津元輝・佐藤洋一郎・竹之内裕文編）昭和堂，2018 年。
「食選択と社会に働きかける活動――国産食品とオーガニック食品の購入をめぐって」『ソシオロジ』第 65 巻第 3 号，2021 年。
「多文化混交地域のマイノリティ――接触領域の食からみるエスニシティ」『ソシオロジ』第 57 巻第 2 号，2012 年。

石原　俊（いしはら　しゅん）
京都大学大学院文学研究科博士後期課程社会学専修研究指導認定退学。博士

世界思想社，2008 年。
“Indeterminable Relations in Control Societies: Reconsidering Social Theories”, *Humaniora Kiotoensia: On the Centenary of Kyoto Humanities*, Tetsuo Nakatsukasa (ed.), Graduate School of Letters, Kyoto University, 2006.

阿部利洋（あべ　としひろ）
京都大学大学院文学研究科博士後期課程社会学専修研究指導認定退学。博士（文学）。
現　在　大谷大学社会学部教授
主　著
『真実委員会という選択——紛争後社会の再生のために』岩波書店，2008 年。
『紛争後社会と向き合う——南アフリカ真実和解委員会』京都大学学術出版会，2007 年。
Unintended Consequences in Transitional Justice: Social Recovery at the Local Level, Lynne Rienner Publishers/Kyoto University Press, 2018.
The Khmer Rouge Trials in Context (ed.), Silkworm Books, 2019.
Migration and Agency in a Globalizing World (chapter contribution: Scarlett Cornelissen and Yoichi Mine eds.), Palgrave Macmillan, 2018.

倉島　哲（くらしま　あきら）
京都大学大学院文学研究科博士後期課程社会学専修研究指導認定退学。博士（文学）。
現　在　関西学院大学社会学部教授
主　著
『身体技法と社会学的認識』世界思想社，2007 年。
『身心変容のワザ〜技法と伝承——身体と心の状態を変容させる技法と伝承の諸相』（共著：鎌田東二編）サンガ，2018 年。
Expériences du corps vivant (chapter contribution: Alexandre Legendre & Haruka Okui eds.), L’Harmattan, 2021.
Les émotions dans la recherche en sciences humaines et sociales: Épreuves du terrain (chapter contribution: Omar Zanna & Stéphane Héas eds.), Presses Universitaires de Rennes, 2021.
“L'hétérogénéité du corps: l'apport de la transculturalité de Marcel Mauss pour le

著者紹介（掲載順）

松田素二（まつだ　もとじ）　別掲の編者紹介を参照

松浦雄介（まつうら　ゆうすけ）
京都大学大学院文学研究科博士後期課程社会学専修研究指導認定退学。博士（文学）。
現　在　熊本大学大学院人文社会科学研究部教授
主　著
『記憶の不確定性——社会学的探究』東信堂，2005 年。
『引揚・追放・残留——戦後国際民族移動の比較研究』（共編著：蘭信三・川喜田敦子・松浦雄介編）名古屋大学出版会，2019 年。
『映画は社会学する』（共編著：西村大志・松浦雄介編）法律文化社，2016 年。
『〈ポスト 3.11〉メディア言説再考』（共著：ミツヨ・ワダ・マルシアーノ編）法政大学出版局，2019 年。
"World Heritage and the Local Politics of Memory: The Miike Coal Mine and *fu no isan*", *Japan Forum* 31(3), 2019.

野村明宏（のむら　あきひろ）
京都大学大学院文学研究科博士後期課程社会学専修研究指導認定退学。
現　在　大谷大学社会学部教授
主　著
『日常的実践の社会人間学——都市・抵抗・共同性』（共編著：松田素二他編），山代印刷出版部，2021 年。
『全訂新版　現代文化を学ぶ人のために』（共著：井上俊編）世界思想社，2014 年。
『近代化與殖民——日治臺灣社會史研究文集』（共著：薛化元編）國立臺灣大學出版中心，2012 年。
『「からだ」の社会学——身体論から肉体論へ』（共著：池井望・菊幸一編）

Volume 6

African Potentials' for Wildlife Conservation and Natural Resource Management: Against the Images of 'Deficiency' and Tyranny of 'Fortress', Meguro, T., C. Ito and Kariuki Kirigia (eds.)

Volume 7

Contemporary Gender and Sexuality in Africa: African-Japanese Anthropological Approach, Shiino, W. and C. M. Mpyangu (eds.)

2022 年　*African Potentials: Bricolage, Incompleteness and Lifeness*, (eds.) Ohta, I., F. B. Nyamnjoh and M. Matsuda, Bamenda, Cameroon: Langaa RPCIG.

2013年　『コリアン・ディアスポラと東アジア社会』（鄭根埴と共編著）京都大学学術出版会。

2014年　『アフリカ社会を学ぶ人のために』（編著）世界思想社。

2016年　『紛争をおさめる文化——不完全性とブリコラージュの実践』（野元美佐と共編著）アフリカ潜在力シリーズ第1巻，京都大学学術出版会。

2017年　*African Virtues in the Pursuit of Conviviality: Exploring Local Solutions in Light of Global Prescriptions*, (eds.) Gebre Yntiso, Itaru Ohta & Motoji Matsuda, Bamenda, Cameroon: Langaa RPCIG.

2018年　『改訂新版　新書アフリカ史』（宮本正興と共編著）講談社。

2020年　*The Challenge of African Potentials: Conviviality, Informality and Futurity*, (eds.) Yaw Ofosu-Kusi & Motoji Matsuda, Bamenda, Cameroon: Langaa RPCIG.

2021年　『集合的創造性——コンヴィヴィアルな人間学のために』（編著）世界思想社。（本書）

2021年　『日常的実践の社会人間学——都市・抵抗・共同性』（阿部利洋・井戸聡・大野哲也・野村明宏・松浦雄介と共編著）山代印刷出版部。

2021年　African Potentials Series vol.1 ～ vol.7（シリーズ編集），Bamenda, Cameroon: Langaa RPCIG.

Volume 1

African Politics of Survival: Extraversion and Informality in the Contemporary World, Endo, E., Ato K. Onoma and M. Neocosmos (eds.)

Volume 2

Knowledge, Education and Social Structure in Africa, Yamada, Y., A. Takada and Shose Kessi (eds.)

Volume 3

People, Predicaments and Potentials in Africa, Ochiai, T., M. HiranoNomoto and D. E. Agbiboa (eds.)

Volume 4

Old Modern and New Tradition for African Potentials, Takahashi, M., S. Oyama, Herinjatovo A. Ramiarison (eds.)

Volume 5

Dynamism in African Languages and Literature: Towards Conceptualisation of African Potentials, Takemura, K. and F. Nyamnjoh (eds.)

編者紹介

松田素二（まつだ　もとじ）
1955年生まれ。
京都大学文学部卒業，ナイロビ大学大学院修士課程修了。
京都大学大学院文学研究科博士課程中退。博士（文学）。
現　在　総合地球環境学研究所・特任教授，京都大学名誉教授
専　攻　社会人間学，アフリカ地域研究

著書・編著書

1996年 『都市を飼い慣らす——アフリカの都市人類学』河出書房新社。
1997年 『新書アフリカ史』（宮本正興と共編著）講談社。
1998年 *Urbanisation from Below: Creativity and Soft Resistance in the Everyday life of Maragoli Migrants in Nairobi*, Kyoto: Kyoto University Press.
1999年 『抵抗する都市——ナイロビ移民の世界から』岩波書店。
2001年 『アフリカの都市的世界』（嶋田義仁・和崎春日と共編著）世界思想社。
2002年 『エスノグラフィー・ガイドブック——現代世界を複眼でみる』（川田牧人と共編著）嵯峨野書院。
2002年 『現代アフリカの社会変動——ことばと文化の動態観察』（宮本正興と共編著）人文書院。
2002年 『日常的実践のエスノグラフィ——語り・コミュニティ・アイデンティティ（田辺繁治と共編著）世界思想社。
2003年 『観光と環境の社会学』（古川彰と共編著）新曜社。
2003年 『呪医の末裔——東アフリカ・オデニョ一族の二〇世紀』講談社。
2006年 『ミクロ人類学の実践——エイジェンシー／ネットワーク／身体』（田中雅一と共編著）世界思想社。
2009年 『文化人類学事典』（日本文化人類学会編，編集委員長）丸善。
2009年 『日常人類学宣言！——生活世界の深層へ／から』世界思想社。
2012年 『ケニアを知るための55章』（津田みわと共編著）明石書店。

集合的創造性
——コンヴィヴィアルな人間学のために

2021年2月28日　第1刷発行
2022年4月30日　第2刷発行

定価はカバーに
表示しています

編　者　松　田　素　二

発行者　上　原　寿　明

世界思想社
京都市左京区岩倉南桑原町 56　〒606-0031
電話 075(721)6500
振替 01000-6-2908
http://sekaishisosha.jp/

（印刷　太洋社）

ISBN978-4-7907-1750-8